足球技战术与竞赛规则

王鸣捷　常颖　杨奇　主编

中国传媒大学出版社
·北京·

主 编

王鸣捷 常 颖 杨 奇

副主编

冯少博 潘可武 秦 亮 王 娟

王珑璇 谢 萌 张 嵬 张 雯

前　言

现代足球运动被称为“世界第一体育运动”。足球以其独特的魅力风靡全球，在全世界拥有不计其数的狂热爱好者。足球运动经过一百多年的发展，时至今日已经无可争议地成为风靡人类社会的第一运动。随着其不断地发展，足球运动已经不仅是一项普通的运动项目，而且成了一种极具代表性的文化现象。四年一届的足球世界杯已经成了最具有影响力的单项体育赛事，与奥运会具有同等的影响力。世界杯所蕴含的足球文化也是一种在全世界具有共享性的文化体系，每一届世界杯的举办都是全世界人民的足球盛宴，主办国在展示自身文化的同时，也推动了世界杯足球文化的创新和发展。

随着我国社会和经济的发展，足球运动水平在不断地提高，我国足球运动员在国际足球比赛中取得的每一个成绩，都极大地鼓舞着全国各族人民。2015 年 2 月 27 日，在中央全面深化改革领导小组第十次会议上，审议通过了《中国足球改革发展总体方案》，这是我国足球史上的一件大事，得到了公众的支持。

随着《中国足球改革发展总体方案》的实施，激发了广大足球爱好者对足球相关知识的渴求，对此，我们编写了《足球技战术与竞赛规则》一书，旨在为公众全面地、客观地、系统地提供与足球运动有关的知识。

《足球技战术与竞赛规则》一书由足球的发展史、技战术与训练、竞赛规则与裁判法三大部分构成。该书力求全面反映：足球运动的演变与发展过程；足球史上的风云人物和重大事件；足球技战术的演变和训练的改革及其发展趋势；竞赛规则的变化和裁判法规的情况。该书内容丰富，材料翔实，图文并茂，融科学性、专业性、知识性、趣味性于一体，既可作为广大足球爱好者的观赏指南，又可成为足球工作者的专业参考用书。

我们在编写过程中，参阅了大量的中外有关书刊资料，恕不一一列出。在出版过程中，得到了中国传媒大学出版社多位老师的指导，在此表示感谢。

足球运动的资料浩繁，限于本人的精力和时间，疏漏与不当之处在所难免，敬请读者不吝指正。

目　录

第一章　足球的发展历史

本章内容

一、足球运动的起源

二、国际足球联合会的诞生及其相关职能介绍

三、各大洲足球联合会及其职能

四、现代足球的发展趋势

第一节　足球运动的起源

一、古代足球游戏

2004年年初，国际足联确认足球起源于中国——蹴鞠是有史料记载的最早的足球活动。《战国策》是最早记录蹴鞠的文献典籍，描述了2 300多年前齐国都城临淄（现属淄博市）流行的蹴鞠活动。《史记》中记载，蹴鞠是当时训练士兵、考察兵将体格的一种方式（“蹴鞠，兵势也，所以练武士，知有材也。”）。

（一）蹴鞠的起源

公元1世纪刘向在《别录》中写道：“蹴鞠，黄帝所造，本兵势也，或云起于战国，古人蹋蹴以为戏。”

据《战国策·齐策》中记载，苏秦做了赵相，为赵合纵，联齐抗秦，他出使齐国对齐宣王说：“临淄甚富而实，其民无不吹竽、鼓瑟、击筑、弹琴、斗鸡、走犬、六博、蹋鞠者……”由此可以看出，齐宣王（约公元前350年—公元前301年）时，在齐国临淄就已经广泛地开展了蹴鞠运动。又据《史记·苏秦列传》中记载，临淄城就有七万户百姓，人民富庶殷实，其民无不以“吹竽鼓瑟，弹琴击筑，斗鸡走狗，六博蹴鞠者”为乐。《史记·集解》引刘向《别录》曰：“跆鞠，兵势也，所以练武士，知有材也，皆因嬉戏而讲练之。”

蹴鞠运动之所以兴于齐国，与齐国繁荣的经济、浓郁的思想文化、发达的科学技术、尚武的社会风习等是有很大关系的。齐国历代君王大多喜猎尚武；齐国是先秦时期诸国中产生政治家、思想家、经济学家、军事家、军事理论家最多的国家。齐国兵学最发达，有“齐国兵学甲天下”之说。齐桓公、管仲时期，齐国又是以武力征伐为基础首霸诸侯的强国。到了战国时期，齐国军队以兵强马壮、勇武善战而著称天下。

（二）蹴鞠形状的演变

（1）春秋战国，四片蹴鞠，实心。

（2）汉代六片蹴鞠。汉代蹴鞠之鞠叫“毛丸”。在《汉书·艺文志》的《蹴鞠二十五篇（下）》中，唐人颜师古对蹴鞠做过这样的解释：“鞠以韦为之，实以物，蹴踏之以为戏也……”

（3）唐代蹴鞠空心八片、十二片，以内缝法制作。据《蹴鞠谱》和《蹴鞠图谱》中记载：唐代的鞠已非汉代的“以韦为之，实以物”的鞠，而是有球皮和球胆的充气的球。

“鞠即毬字，今蹴鞠曰毬戏。古用毛纠结为之，今用皮。以胞为里，嘘气闭而蹴之。”

（4）“八片尖皮砌作球，火中燖了水中揉，一包闲气如常在，惹拳招踢卒未休。”

球壳从八片尖皮发展为由“香皮十二”片砌成；原料是“熟硝黄革，实料轻裁”；工艺是“密砌缝成，不露线角”；做成的球重量要“正重十四两”；规格要“碎凑十分圆”。

（三）双球门的直接对抗

《鞠城铭》是镂刻在球场奠基石上的铭文，一共只有十二句：

鞠 城 铭

圆鞠方墙，仿象阴阳。

法月衡对，二六相当。

建长立平，其例有常。

不以亲疏，不有阿私。

端心平意，莫怨其非。

鞠政由然，况乎执机。

汉代的蹴鞠场称作“鞠城”，四周围有矮墙，球门称作“鞠室”，像座小房子，每边有六个球门，共有十二名队员上场比赛，还有正副裁判按竞赛规则裁决。双方队员在身体接触时就像打仗一样，因此，足球成为主要的军事训练项目。

已故体育史学者唐豪先生根据汉代蹴鞠史料，绘制了一幅《汉代宫苑内校阅蹴鞠竞赛示意图》表明汉代的鞠城四周有墙，中间有检阅台，一边有六个球门，球门前各有一人防守，场上每队有六人进攻，这幅图能够表现汉代双球门直接对抗方式的基本情况；但这幅图也有缺点，如检阅台不是“左城右平”，鞠城不是正方形，鞠室不是“屋势如鸟翼”，场上缺少裁判等，但其还是可以作为了解汉代蹴鞠竞赛的参考的。

（四）单带球门的间接对抗

唐宋时期，出现了中间隔着球门的间接对抗方式。球门设在场地中央，即在两根高高的竹竿上结一张网，网的上部留一个直径为一尺左右的洞，这就是球门，又称为风流眼。而比赛双方各在一侧，以射门“数多者胜”。

双方蹴鞠队员没有直接的身体接触。双方各七名队员上场，设正负两名裁判，其余队员分列两边。双方的比赛规则大致是这样的，开球后球不能着地，着地则输一筹，把球通过球门则赢一筹。双方蹴鞠队员角色和职责都非常明确，球头的职责是专门把球通过风流眼，其他队员如正挟、副挟、左竿网、右竿网、散立等都采用各种解数让球保持不着地，并为球头创造进球的机会。对阵双方一般分为左军、右军，上场人数不等。比赛可以进行三局、五局不等，一局叫一筹，“略胜一筹”“拔得头筹”就是由此而来。

（五）无球门的蹴鞠比赛——白打

宋代还非常盛行白打的比赛方式。所谓“脚头十万踢，解数百千般”，就是指用头、肩、背、胸、膝、腿、脚等形成整套的动作，使“球终日不坠”。由单纯地比赛射门向灵巧和控制球技术方面发展。不用球门的散踢俗称“白打”，白打除了用球之外不用其他工具，场地也极为简单，只要有一块平坦的地方即可，一般选择在风景幽静的地方，白打踢法强调的是花样，易吸引人，因此，开展的比较广泛。白打踢法可以一人独踢、两人对踢、三人或更多的人轮踢。

宋代，踢球的艺人们组织了自己的团体，称为“圆社”，专门推广蹴鞠运动和比赛。当时在民间还出现了足球组织，时称“齐云社”或“圆社”。据《蹴鞠谱》中记载，该球社在京城产生了一定的影响，流传着“若论风流，无过圆社”“人都道齐云一社，三锦独争先”，这些都是对球社的反映和称誉。参加球社的人，要遵守社规，如不许做“人步拐、退步踏；人步肩、退步背”等危险动作，除此之外，还规定“狂风起不踢，酒后不可踢”等，提出了踢球时应注意运动安全。

（六）蹴鞠的服饰

踢球的人的着装有以下特点（如图1—1所示）：

图1—1

（1）在服装的选择上，注重实用性，选择结合竞技运动的圆领袍，并把前襟掖扎起。据宋代李公麟《五马图》中所示，此种“袍”掖扎在右胯，利于进行骑马、射箭等剧烈运动，能够充分解放四肢，扩大四肢的活动范围，配合四肢的柔韧度，符合蹴鞠运动的需要。

（2）在局部造型的设计上，如“交领”和“团领开敞翻折”都是在领部形成“V”字的造型。从功能上来讲，“V”字领造型一方面便于颈部运动，另一方面在剧烈运动时宜于散热。

（3）在配饰的选择上，采用交脚幞头、幅巾等帽式包裹头部，将头发束紧，以防头发散落妨碍运动。

二、古代女子足球

现代足球有男足、女足之分，在古代也是一样，不但男子可以进行蹴鞠运动，女子也可以。但是由于封建礼教对女子的束缚，古代的“女足”是不能和男子一样自娱自乐的。

据记载，在唐代就已经有女子蹴鞠运动了。有一首诗里记载，一个十七八岁的女子，就能够接住军中的少年踢来的球，而且还可以把球踢到数丈高，可见她是一位训练有素的蹴鞠运动员。不过，女子蹴鞠与男子蹴鞠的最大区别就在于，男子蹴鞠追求的是在赛场上追逐射门、比拼能力，而女子蹴鞠却注重球技表演，以把球踢高、踢出花样为能事，追求的是观赏性。古人称女子蹴鞠为“白打”，是因为女子蹴鞠追求观赏性，只要求踢出花样，因此，蹴鞠时不用球门，只是表演球技，那么“打”也是“白打”。

到了宋代，蹴鞠被称为“美人蹴鞠”（如图 1—2 所示），这是因为宋代的女子蹴鞠更加注重表演性，对从事蹴鞠的女子的容貌、身段、技艺都有很高的要求，“女足”团队完全成了一支表演性的队伍。到了清代，女子蹴鞠更加没落。正是由于女子蹴鞠从一开始就是为了取悦男性而产生的，因此，女子蹴鞠发展到后来就成了青楼女子取悦嫖客的一种方式，中国古老的女子蹴鞠也就走到了尽头。

图 1—2

三、现代足球运动的起源

随着足球运动的日益普及，该项运动开始传入宫廷和学府，一些达官贵人和大学士也喜爱上了这项运动。但他们又觉得自己挤在居民区与一大群人乱糟糟地混在一起踢球有失身份，于是就建议把比赛场地设在没有建筑物的广场上，并明确提出场地规格应为长 120 码（1 码 ≈ 0.914 米）、宽 80 码的长方形，还制定了几项简单的规则，如确定接球和运球的方法、计分标准、惩罚手段等。

到了伊丽莎白女王时代的后期，足球比赛已能“登堂入室”。节日期间常有壮观的足球比赛为人们助兴。1602 年，在康沃里举办过一次大规模的足球比赛，双方球门相距三四英里，各教区之间相互比赛，其影响力席卷了整个地区。

1681 年，查理二世接受伦敦居民和教会领导人的建议，允许足球运动在奴隶群众和阿拉伯男性伯爵之间进行。他大力支持足球运动，这项运动深受人民的喜爱。遗憾的是当时很多比赛措施和规则没能留传下来。4 年后，查理二世逝世，足球运动又进入发展困难时期。18 世纪，拳击成为英格兰最盛行的体育项目；大型斗鸡也成为人们喜爱的娱乐项目，特别在贵族中深受欢迎，因为两鸡相斗，必有一败，这样很多人通过下赌注就可以赢钱。

之后的 200 年间，英伦三岛进行了各种不同形式的比赛，规则也不尽相同。那时还没有人打算把比赛规则统一起来，也没有人把各地方的团队组织起来。那时的比赛相当粗野、激烈，有的队员故意踢对方队员的小腿而不是踢球，简直和斗殴毫无区别。

从 17 世纪后期开始，足球运动逐步从欧美传到世界各国，尤其是在一些文化发达的国家更为盛行。越来越多的人走向球场，投身到这一富有刺激和畅快感的运动中去，以至于一度将足球运动开展的好坏作为衡量一个国家文化发达与否的标志。在这种情况下，英国人率先为足球运动的发展做出了重要贡献。

后来足球运动得以恢复，并开展得更加广泛。1840 年，一些学校，如剑桥大学、新克利夫顿大学、哈多公学、文契汉特及马集公学等，既重视学校教育，又重视课外体育活动，经常开展校内和校际之间的足球比赛。比赛没有规则，双方事先商量比赛时间和人数，场上队长不仅是运动员，还是调解双方争论的公证人。此时，足球比赛的目的主要是发展学生体能，强调纪律性，场上表现友好被认为是比赛精神；如果场上出现暴力行为，那么暴力队员将受到严重惩罚，严重暴力者将被驱除出场。那时学生 10 人住 1 个宿舍，首先开展了宿舍之间的比赛，加上 1 名台监教师带队参赛，每队共 11 人，11 人制由此而起，一直流传下来。由于足球盛行，各校极为重视，胜者常得到奖励被视为英雄，故各队逐渐重视胜负，增加了比赛难度，故有人建议设两名公证人，由比赛双方各出 1 名公证人分别站在两个球门附近，其职责是记录进球次数，解决他所在半场的争执，因此，公证人经常受到队员和球迷的围攻。

1823 年 11 月 21 日，一个叫埃利斯的 15 岁男孩在比赛中用手抱着足球进攻，引发了人们的兴趣，由此，足球被分为两部分开展：只准用脚踢的足球和手脚并用的足球。前者保持英国传统，后来称为“英国式足球”（soccer）。后者为增加比赛难度将球改为椭圆形，称为橄榄球，后来传至美国并开展得如火如荼，称为“美国式足球”（American football）。

当时比赛仍无规定的场地和统一的规则，有的赛前商定亦可手脚并用。由于规则不清晰，常出现难解问题，甚至在争执中不欢而散，影响两队之间的友谊，致使人们考虑必须进一步制定合理的比赛规则。为此，剑桥大学分院于 1848 年召开多方代表参加的会议，一致同意制定一部明确的足球比赛规则。经过反复讨论，制定出这部 16 条的《剑桥规则》，该规则不仅较简单，而且不尽合理，未被公认，然已成了近代足球比赛规则的雏形。

从 1850 年开始，在伦敦以外的城市也有不少居民参加业余足球运动。随着英国 19 世纪中叶工业生产力的发展，中下阶层人民的生活水平得到显著提高，工人多利用业余时间踢球，吸引了越来越多的社会各阶层的围观者。1885 年，英国中部工业重镇谢菲尔德成立了第一个足球俱乐部，公布宣言并制定了足球比赛规则。其他多由学生组成的俱乐部相继建立，这些俱乐部为会员提供修建较好的足球比赛场所。1860 年，各俱乐部之间比赛频繁，且多以《剑桥规则》为准，但也有的俱乐部并不使用该规则，致使比赛场上经常发生争议，所以要求必须有统一规则并成立统一协会的呼声越来越强烈。这一切就为现代足球的诞生奠定了基础。

从 8 世纪到 19 世纪，现代足球运动的前身以各种方式在欧洲存在着，直到 1863 年，第一个正式的足球比赛规则在英国创立，这也标志着现代足球运动的诞生。

四、《剑桥规则》的内容

英国伦敦的弗里玛森大酒店是现代足球的诞生地，足球史上里程碑式的会议在这里召开。1848 年，剑桥大学分院曾尝试创立一部有关足球比赛的规则，虽未受公众认可，但统一规则已达成共识。1862 年，英国诺丁汉郡成立了世界上第一个足球俱乐部，随后，英国又成立了第一个足球协会（英足总）。1863 年 10 月 26 日，来自伦敦的 11 个俱乐部和学院的代表们在共济会酒馆召开会议，制定了第一部被统一的足球规则，并创立了权威的足球组织。

（一）《剑桥规则》内容

- 场地面积，在长 130 码，宽 100 码以内。在每条边线上距端线 25 码处，各树立两根标志杆。
- 球门由两根立竿组成。
- 用投币选择球门或开球权。
- 上半场比赛时间结束后，双方交换场地。
- 当队员将球踢出时，同队任何队员站在球的前面较对方队员更接近对方端线时，不得接触球，也不得以任何方式阻碍其他队员接触球。

● 当球被踢出边线外则为死球，由对方在出界地点将球用手抛入场内（当球出手时，球不能低于头部），恢复比赛。

● 当一队将球踢出对方端线时，对方任何队员谁先拿到球便可持球在垂直端线 25 码处发任意球。

● 当球踢来时，队员在对方端线后面不可触球。

● 如果球落到端线之后和边线标志杆之外时，应该在距端线 25 码处发任意球。

● 当一队员踢任意球时，同队队员不得处在他与对方端线之间，并且对方队员不可站在距离该队员 10 码之内。

● 队员可选择以任何方式踢任意球。

● 球从两竿之间或从其间上方无限高度穿过，算胜一球。

● 在比赛进行中，可用身体任何部位接触球，但不得用手、手臂、肩部持、击球。

● 所有冲击都是公平合法的，但禁止用手抱、推，用脚绊或吵闹。

这套统一的原始规则经英格兰足协主席公布并刊登在 *BELIS LIFE* 杂志上。3 年后足协补充规定，球门高度为 6 码，宽度为 8 码，两立柱之间拉上一条绳作为球门高度的界限。

（二）现代足球规则的演变

1863 年，第一个足球规则出现。

1869 年，球门球的概念第一次被引进。

1872 年，角球被添加进了足球规则。

1875 年，英足总为球门安装了横梁，替代了之前使用的绳子。

1878 年，一名裁判员在比赛中首次吹口哨示意犯规，哨子成了裁判员的工具。

1891 年，点球出现，球门被安上了球网，裁判员被允许在场内执法比赛。

1902 年，英足总为比赛设置了罚球区，同时制定了点球判罚规则。

1958 年，足球比赛不再是一套阵容打到底，可以替换队员，但只能替换受伤队员。

1970 年，在墨西哥世界杯上，红黄牌首次代替了裁判的口头驱逐和警告。

1992 年，守门员被禁止用手接同队队员故意用脚踢的回传球。

第二节　国际足球联合会的诞生及其相关职能介绍

一、国际足球联合会简介

国际足球联合会（Fédération Internationale de Football Association，FIFA，简称国际足

联），由比利时、法国、丹麦、瑞典、荷兰、瑞士和西班牙（皇家马德里足球俱乐部代表西班牙，西班牙皇家足球协会到 1913 年才成立）倡议，于 1904 年 5 月 21 日在法国巴黎成立。国际足联现有会员 209 个，也是国际单项体育联合会总会成员。

国际足联下设欧洲、亚洲、非洲、中北美和加勒比地区、南美洲、大洋洲 6 个地区性组织，其总部于 1932 年由法国巴黎移至瑞士苏黎世。工作用语为英、法、西班牙和德语，如有语言冲突时，以英语为准。

足球是全球第一大运动，世界杯是全球各个国家在足球领域最梦寐以求的神圣荣耀。借助世界杯的这种全球影响力，国际足联也成为最富有、最有权势的国际体育组织。

从 17 世纪后期开始，足球运动逐步从欧洲传到世界各国，尤其是在一些文化发达的国家更为盛行。越来越多的人走向球场，投身到这一富有刺激和畅快感的运动中去，以至于一度将足球运动开展的好坏作为衡量一个国家文化发达与否的标志。在这种情况下，英国人率先为足球运动的发展做出了重要贡献。

英格兰足球协会的成立带动了欧洲和拉美一些国家足球运动的蓬勃发展，各国陆续成立了足球组织。

1872 年，英格兰和苏格兰之间进行了历史上第一次足球协会间的比赛；1890 年，奥地利开始举办足球锦标赛；1889 年，荷兰和阿根廷出现了若干个足球组织。

1886 年，英格兰、苏格兰、威尔士及北爱尔兰 4 个足球协会发起成立了国际足球理事会，并统一了比赛规则。

1900 年，西班牙巴塞罗那成立了“加泰罗尼亚”足球协会。此后，丹麦、新西兰、智利、比利时、意大利等国家也相继成立了足球协会。这种情况大大促进了足球运动的发展，同时也为创建国际性的足球组织创造了条件。当时，欧洲是足球运动发展的中心，荷兰足球协会秘书长希斯霍曼和法国体育运动协会秘书长罗伯特·盖林是创建国际足联的积极倡导者。希斯霍曼根据当时的形势致函英格兰足球协会，希望他们牵头成立一个国际性的足球组织，但遭到英格兰足球协会的拒绝，他们错误地认为成立国际性的足球组织是不切实际的幻想。与此同时，在盖林的积极发起下，欧洲一部分足协决定不再等待英格兰足球协会的答复，向欧洲各足协发函，要求创建国际足球联合会。

1904 年，法国等国家的足球协会在巴黎倡议成立了国际足球联合会，总部设在瑞士苏黎世。1904 年 5 月 21 日，国际足球联合会在法国巴黎奥诺累街 229 号法国体育运动协会联盟驻地的后楼正式成立，法国等 7 个国家的代表在有关文件上签字。1904 年 5 月 23 日，国际足联召开了第一届全体代表大会，法国的罗伯特·盖林被推选为国际足联的第一任主席。此后，在盖林的领导下，国际足球联合会做了大量艰苦的创建工作，如建立工作机构，吸收新会员，扩大足联的影响，帮助一些国家创建足球协会，等等。1905 年 4 月 14 日，英格兰足球协会宣布承认并要求加入国际足联，苏格兰、威尔士、北爱尔兰等国家的足球协会也相继效仿，这对刚诞生不久的国际足联来说具有重要意义。在国际足联成立的最初30年间，国际足联设名誉秘书长，先后由比利时的路易·米赫格豪斯和荷兰的卡尔·希斯霍曼担任。

1932—1951年，伊沃·施里克出任第一任专职秘书长；1951—1960年，库特·加斯曼出任第二任专职秘书长；1961—1981年，赫尔穆特·克泽尔出任第三任专职秘书长；1981年，约瑟夫·布拉特出任第四任专职秘书长。布拉特原是瑞士一家著名商行的公共关系部主任，于1975年出任国际足联技术部主任后开始实施世界足球发展规划。

二、历任国际足球联合会主席

国际足联执委会是国际足联日常工作的领导机构，由1名主席、8名副主席、15名委员、1名秘书长，共25人组成。下面作者对自1900年至今历任的国际足球联合会主席简单的资料进行总结（如表1—1所示）。

表1—1　历任国际足球联合会主席

序号	届次	国籍	姓名	年份
1	第一任	法国	罗伯特·盖林（Robert Guérin）	1904—1906
2	第二任	英国	丹尼尔·伯利·伍尔福尔（Daniel Burley Woolfall）	1906—1918
3	第三任	法国	于勒·雷米特（Jules Rimet）	1921—1954
4	第四任	比利时	罗尔多夫·威廉·塞尔德拉耶尔（Rodolphe William Seeldrayers）	1954—1955
5	第五任	英国	阿瑟·德鲁里（Arthur Drewry）	1956—1961
6	第六任	英国	斯坦利·劳斯（Sir Stanley Rous）	1961—1974
7	第七任	巴西	若昂·阿维兰热（João Havelange）	1974—1998
8	第八任	瑞典	约瑟夫·布拉特（Joseph S. Blatter）	1998—2016
9	现任	斯洛文尼亚	詹尼·因凡蒂诺（Gianni Infantino）	2016—现在

三、国际足球联合会主要举办的赛事

国际足球联合会负责的几个主要赛事:（1）国际足联世界杯（1930年开始，4年一届）;（2）国际足联U-20世界杯（原可口可乐杯赛，1977年开始，2年一届）;（3）国际足联U-17世界杯（1985年开始，2年一届）;（4）国际足联女足世界杯;（5）国际足联U-20女足世界杯;（6）国际足联U-17女足世界杯;（7）国际足联俱乐部世界杯;（8）国际足联五人制世界杯;（9）国际足联沙滩足球世界杯。此外，国际足联作为国际奥委会的单项体育联合会成员，协助国际奥委会组织奥运会足球项目比赛（1912年被正式列为奥运会项目，4年一届）以及青年奥运会足球项目比赛。

四、男子世界杯足球赛

（一）世界杯足球赛简介

国际足联世界杯（FIFA World Cup、简称世界杯）是世界上最高荣誉、最高规格、最高竞技水平、最高知名度的足球比赛，与奥运会并称为全球体育两大顶级赛事，并且影响力和传播覆盖率超过奥运会的全球最大体育盛事。世界杯是全球各个国家在足球领域最梦寐以求的神圣荣耀，也是各个国家（或地区）所有足球运动员的终极梦想。世界杯每4年举办一次，任何国际足联会员国（地区）都可以派代表队报名参加这项赛事。世界杯是足球运动发展推广普及的源头和根本，所以也被誉为“生命之杯”。巴西队是夺得该项荣誉最多的球队，其共获得5次世界杯冠军，并且在3夺世界杯冠军后永久地保留了前任世界杯奖杯——雷米特杯。现在的世界杯奖杯是大力神杯，4夺世界杯冠军的德国在1974年首次获得奖杯并将大力神杯沿用至今，雷米特杯和大力神杯都是世界杯足球赛的奖杯。中国队曾在2002年首次晋级第17届韩日世界杯决赛阶段的32强。

北京时间2017年1月10日，国际足联官方宣布，2026年起世界杯足球赛将扩军至48支球队参加。

（二）世界杯足球赛的创建

1904年5月21日，国际足联的第一任主席罗伯特·盖林，第一次向各国足坛领导人提出了创建世界杯足球赛的想法，并让其秘书长希尔施曼为此起草了一份文件。但由于表示愿意参加的国家并不多，而且由于各国政治体制的不和，这项计划“流产”了。

第一次世界大战结束后，巴黎红星队的创始人于勒·雷米特先生当选为国际足联主席，他又重新操作这项搁浅的计划。雷米特向各国足球界领导人做了大量的说服工作，竭力证明：一项世界性的足球比赛完全可以同顾拜旦男爵创立的奥运会并行，并且能够兴旺发达。

1925年，在布鲁塞尔的一家饭店内，乌拉圭外交官布埃罗代表两届奥运会足球冠军得主乌拉圭队，正式对雷米特表示支持，这在当时起到了重要作用。

1928年5月26日，国际足联代表大会在阿姆斯特丹召开，会上经投票通过了在1930年举办一项新赛事的决议，该赛事将对国际足联下属的所有成员单位开放。1929年5月18日，国际足联在巴塞罗那召开的会议上，奥运会冠军国乌拉圭被投票选为首届世界杯足球赛主办国。

1930年，首届世界杯足球赛在乌拉圭举行，比赛在同一个城市进行，即拥有三座体育场的蒙德维的亚。此次世界杯足球赛共有13个国家参赛，即阿根廷、巴拉圭、比利时、玻利维亚、罗马尼亚、巴西、乌拉圭、智利、美国、法国、南斯拉夫、墨西哥和秘鲁。

（三）世界杯足球赛奖杯介绍

1926 年 12 月 10 日，国际足联在巴黎召开了一次工作会议，瑞士、匈牙利、法国、奥地利、德国等多个国家派代表参加了这次会议；4 个月后，会议的草案被提交给各国足协。1927 年 6 月 5 日，在国际足联召开的赫尔辛基会议上，以 23 票赞成、5 票反对（北欧国家表示反对）、1 票弃权（德国）通过了巴黎工作会议议案。

1926 年，在国际足联卢森堡会议上，把锦标赛的名称改为“雷米特杯赛”，以表彰前国际足联主席——于勒·雷米特为足球事业所做出的巨大贡献。

后来，有人建议把两个名字连在一起，称为“世界足球锦标赛——雷米特杯”；在赫尔辛基会议上，最终更名为“世界足球冠军杯——雷米特杯”，简称“世界杯”；每 4 年举办一届。

世界杯的奖杯是 1928 年 FIFA 为获胜者特制的奖品，是由巴黎著名首饰技师弗列尔铸造的。其模特是希腊传说中的胜利女神尼凯，她身着古罗马束腰长袍，双臂伸直，手中捧一只大杯。

雷米特杯高 35 厘米，重 3.8 公斤，为银杯镀金铸成，立在大理石底座上（如图 1—3 所示）。此杯为流动奖品，哪个队得了冠军，就可把奖杯保存 4 年，到下一届世界杯赛前交还给国际足联，以便颁发给新的世界杯冠军。此外有一个附加规定是：哪个队 3 次获得世界杯冠军，哪个队将永久拥有雷米特杯。

图 1—3

图 1—4

1970 年第九届世界杯赛时，乌拉圭、意大利、巴西都已获得过两次冠军。因此，都有永久占有此奖杯的机会，但结果是巴西队捷足先登，占有了此奖杯。

为此，国际足联还得准备一个新奖杯，以颁布发给下一届冠军。1971 年 5 月，国际足联举行新奖杯审议会，通过对 53 种方案评议后，决定采用意大利人加扎尼亚的设计方案——两个大力士双手举起地球的设计方案。

这个造型象征着世界第一运动的规模。新的奖杯定名为“大力神杯”。该奖杯高 36.8

厘米，重 6.175 公斤，其中 4.97 公斤的主体由纯金铸造；底座由两层孔雀石构成，珍贵无比（如图 1—4 所示）。

国际足联规定新奖杯为流动奖品，无论哪个队获得多少次冠军，都不能永久占有此奖杯。在大力神杯的底座下面有能容纳镌刻 17 个冠军队名字的铭，该奖杯可以持续使用到 2038 年。世界杯足球赛迄今为止已经举办了 20 届，每一届四强成绩如表 1—2 所示：

表 1—2　历届男子世界杯足球赛四强成绩

年份	东道主	冠军	亚军	季军	殿军
1930	乌拉圭	乌拉圭	阿根廷	美国	南斯拉夫
1934	意大利	意大利	前捷克斯洛伐克	德国	奥地利
1938	法国	意大利	匈牙利	巴西	瑞典
1950	巴西	乌拉圭	巴西	瑞典	西班牙
1954	瑞士	联邦德国	匈牙利	奥地利	乌拉圭
1958	瑞典	巴西	瑞典	法国	联邦德国
1962	智利	巴西	捷克斯洛伐克	智利	南斯拉夫
1966	英格兰	英格兰	联邦德国	葡萄牙	前苏联
1970	墨西哥	巴西	意大利	联邦德国	乌拉圭
1974	联邦德国	联邦德国	荷兰	波兰	巴西
1978	阿根廷	阿根廷	荷兰	巴西	意大利
1982	西班牙	意大利	联邦德国	波兰	法国
1986	墨西哥	阿根廷	联邦德国	法国	比利时
1990	意大利	联邦德国	阿根廷	意大利	英格兰
1994	美国	巴西	意大利	瑞典	保加利亚
1998	法国	法国	巴西	克罗地亚	荷兰
2002	韩国 / 日本	巴西	德国	土耳其	韩国
2006	德国	意大利	法国	德国	葡萄牙
2010	南非	西班牙	荷兰	德国	乌拉圭
2014	巴西	德国	阿根廷	荷兰	巴西

五、女子世界杯足球赛

（一）女子世界杯足球赛简介

国际足联女子世界杯（FIFA Women’s World Cup，简称女足世界杯），一般被视为女子足球最高荣誉的赛事。由国际足联（FIFA）主办，各国的女子国家足球队参加的比赛。首届女足世界杯于 1991 年在中国广州举行，之后每 4 年举办一次。

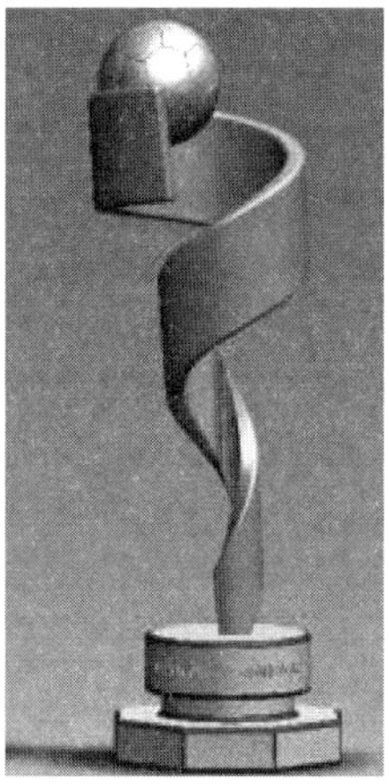
图 1—5

（二）女子世界杯足球赛奖杯介绍

为了满足 1999 年第三次女足世界杯的需要，国际足联定制了一个新的奖杯，这个奖杯重 2 公斤（4.5 镑），高 37 厘米（14.95 英寸）。它是由米兰的萨瓦拉 - 莫罗尼公司的威廉·萨瓦亚（William Sawaya）设计的。该奖杯所有的金属片都是镀金的，底座由磨光的大理石制成，而底座上的大奖章是用磨光的黄铜制成，同样由黄铜制成的还有固定球的支撑架以及球本身（如图 1—5 所示）。

（三）女子世界杯足球赛起源

男足世界杯早在 1930 年便已经开始了，但女足这个概念在当时许多人的眼里是一件很奇怪的事。直到 20 世纪 80 年代，女子足球才得以在世界范围内初步开展。是不是应该举办女子世界杯足球赛？对于当时的国际足联主席阿维兰热来说，这是一个十分头疼的问题。从理智上来说，阿维兰热明白，世界各种球类运动都是从男子开始，然后普及到女子的，但最后同一项目的女子运动往往比相应的男子运动更受欢迎，而国际足联作为国际足球的领导组织不能没有战略眼光。然而，阿维兰热当时也明白，举办女足世界杯的商业风险很大，国际足联也不能不考虑自己的短期经济利益。在此矛盾的情形下，国际足联于 20 世纪 80 年代在中国先进行了一个试验性“女足世界杯”。在中国足协、美国足协及若干欧洲足协的支持和鼓励下，阿维兰热终于下了决心举办女足世界杯。

截至 2015 年加拿大女足世界杯为止，共举办了 7 届女足世界杯，其中美国女足队拿到 3 次冠军、德国女足队拿到两次冠军、亚洲女足队只有日本女足队在 2011 年以点球击败美国女足队拿到了 1 次冠军。其他历届前 3 名女足队成绩（如表 1—3 所示）：

表 1—3 历届女子世界杯足球赛成绩

届次	年份	举办地	冠军	决赛比分	亚军	季军	殿军
1	1991	中国	美国	2 : 1	挪威	瑞典	德国
2	1995	瑞典	挪威	2 : 0	德国	美国	中国
3	1999	美国	美国	0 : 0（点球 5 : 4）	中国	巴西	挪威
4	2003	美国	德国	2 : 1（常规时间：1 : 1）	瑞典	美国	加拿大
5	2007	中国	德国	2 : 0	巴西	美国	挪威
6	2011	德国	日本	2 : 2（点球 3 : 1）	美国	瑞典	法国
7	2015	加拿大	美国	5 : 2	日本	英格兰	德国

六、奥运会足球赛

奥运会足球比赛分为男子项目和女子项目。男子足球比赛规定，参赛队员年龄要在23岁以下，每队由18名队员组成，最多有3名超龄队员。女子足球比赛没有年龄限制，每队也是由18名队员组成。

（一）奥运会足球赛简介

1896年在希腊举行的第1届奥林匹克运动会（简称奥运会）上，足球是表演赛的项目。从1900年第2届奥运会起，足球被列为正式比赛项目。国际奥林匹克委员会的章程规定，只有业余的足球运动员才能参加奥运会的比赛。1979年又补充规定，欧洲和南美国家凡参加过世界杯赛的足球运动员，一律不能参加奥运会足球赛；其他国家的足球运动员不受此限制。按规定，经过预选赛进入奥运会足球决赛阶段比赛的共16个队，即欧洲4个队，亚洲和非洲各3个队，北美洲和南美洲各2个队，再加上上届冠军队和本届举办国队。近几届决赛阶段的比赛是先将16个队分4个组进行预赛，每组前2名再编成两组用交叉比赛的方法进行复赛。复赛中两个组的第1名争夺冠亚军，两个组的第2名争夺第3、4名。

对于奥运会足球赛，国际足联与国际奥委会之间存在很大的分歧，国际足联一直反对职业足球运动员参加奥运会足球赛。经过双方不断磋商，对参加者的要求也一直在改变。

（二）奥运会足球赛的发展

20世纪初，足球运动在欧洲国家迅速推广，各国相继成立了足球俱乐部，足球运动与商品社会的联系日益加强，产生了一批以踢球为生计的人。自此，职业足球开始风靡欧洲大陆。经过长期训练、比赛的职业足球运动员，在奥运会足球比赛场上的技术水平明显高于业余运动员。这种水平之间的巨大差距使奥运会足球赛失去了竞技性、精彩性，影响了许多地区参与奥运会足球赛的积极性。特别是在1908年和1912年的奥运会足球赛上，英格兰职业足球运动员连夺两次冠军后，有关是否允许职业运动员参加奥运会足球赛的争议更加激烈。后来，国际足联开始对职业足球运动员参加奥运会足球赛进行了一些限制，但在如何区分职业运动员与业余运动员上，国际足联也没有一个很明确的概念与界定。1977年，国际足联决定不允许参加过上届世界杯足球赛的运动员参加奥运会足球赛。几经变革，1984年，国际足联做出了欧洲和南美洲参加过世界杯决赛的足球运动员不得参加奥运会足球赛的决定；1988年，国际足联在此基础上又做出如下规定：奥运会足球运动员年龄限制在23岁以下，每队允许有3名超龄球员。1996年，夏季奥林匹克运动会加入了女子足球项目，由于当时女子足球运动发展仍未成熟，因此，国际足联没有对女子足球做出限制。

到2016年奥运会共办了31届，获得足球项目冠军最多的国家是英国和匈牙利，两支国家队分别获得3次冠军，而足球王国巴西只获得1次冠军。

第三节　各大洲足球联合会及其职能

一、亚洲足球联合会及其职能

（一）亚洲足球联合会的介绍

亚洲足球联合会（Asian Football Confederation，AFC，简称亚协或亚足联）于1954年5月8日在菲律宾的马尼拉成立，创会成员包括阿富汗、缅甸、越南、印度、印度尼西亚、日本、韩国、巴基斯坦、菲律宾、新加坡以及中国台湾、中国香港，首任会长及秘书长由中国香港的罗文锦与李惠堂担任，总部现设在马来西亚的吉隆坡，其主要职能是负责管理亚洲区足球事务。

现在的亚洲足球大致可分为两大势力——东亚及西亚，东亚包括有日本、韩国、澳大利亚及中国等（2006年开始，来自大洋洲的澳大利亚加入了亚洲足联），而西亚则有伊拉克、约旦、伊朗、沙特阿拉伯、巴林、乌兹别克及阿联酋。到目前为止，亚足联共有47个会员协会，包括46个正式会员和1个准会员（北马里亚纳群岛），其中仅北马里亚纳群岛尚未加入国际足联。

（二）亚洲足球联合会举办的赛事及历任亚洲足球联合会主席

亚足联每年举办大型的足球赛事（如表1—4所示），有亚洲杯及2003年改制亚洲冠军联赛，前者是亚洲最高级别的国家队赛事，始于1956年；后者是亚洲最高级别的俱乐部赛事，改制后的亚洲冠军联赛与欧洲冠军联赛无异，而之前的亚洲冠军联赛由亚俱杯（Asian Champions Cup）及优胜者杯（Asian Cup Winners Cup）合并而成。

表1—4　亚洲足球联合会举办的赛事

男子赛事	女子赛事	俱乐部赛事	五人制足球及沙滩足球
亚足联亚洲杯 亚足联U-23锦标赛 亚足联团结杯 亚足联U-19锦标赛 亚足联U-16锦标赛 亚足联U-14锦标赛	亚足联女足亚洲杯 亚足联U-19女足锦标赛 亚足联U-16女足锦标赛 亚足联U-14女足锦标赛	亚足联冠军联赛 亚足联赛杯	亚足联五人制足球锦标赛 亚足联五人制足球俱乐部锦标赛 亚足联五人制女子足球锦标赛 亚足联U-20五人制足球锦标赛 亚足联沙滩足球锦标赛

表 1—5 历任亚洲足球联合会主席

序号	国籍	姓名	年份	备注
1	中国	罗文锦	1954	
2	中国	郭赞	1954—1956	
3	中国	雷瑞德	1956—1957	
4	中国	陈南昌	1957—1958	
5	马来西亚	东姑阿都拉曼	1958—1977	
6	伊朗	卡民彼兹阿达巴依	1977—1978	代主席
7	马来西亚	丹斯里军莎阿卜沙玛	1978—1994	
8	马来西亚	阿莫莎	1994—2002	
9	卡塔尔	穆罕默德·本·哈曼	2002—2011	
10	中国	张吉龙	2011—2013	代主席
11	巴林	萨尔曼	2013—现在	

二、欧洲足球联合会及其职能

（一）欧洲足球联合会简介

欧洲足球协会联盟（Union of European Football Associations，UEFA，简称欧洲足联或欧足联），中国港澳地区称其为欧洲足协，东南亚称其为欧洲足总。欧足联是负责管理欧洲各项足球事务，并代表欧洲的足球机构。

欧足联于 1954 年 6 月 15 日在瑞士巴塞尔成立，成立时总部设于法国巴黎，1959 年总部移至瑞士伯尔尼。埃贝·施瓦茨（Ebbe Schwartz）成为第一任欧足联主席，而欧洲足球锦标赛创办人昂利·德劳内（Henri Delaunay）则为总书记。1995 年欧足联总部移至瑞士尼翁，成立之初只有 25 个成员协会，目前欧足联已有 55 个成员协会，人口最少成员国为直布罗陀，仅 3 万人。欧足联现任主席是亚历山大·切费林。

（二）欧洲足球联合会举办的比赛

1. 国家队赛事

成立于 1958 年的欧洲足球锦标赛是欧足联最主要的男子国家队赛事，在 1964 年之前称为欧洲国家杯。另外还有 21 岁以下（U-21）、19 岁以下（U-19）以及 17 岁以下（U-17）等年龄别的锦标赛。在女子国家队赛事方面，有欧洲女子足球锦标赛及欧洲 19 岁以下女子足球锦标赛两项赛事。

另外，欧足联也和非足联合办欧足联—非足联经线杯，由欧洲及非洲各组一队参加

（成员由 18 岁以下的球员组成）。在室内足球赛事方面，有欧洲室内足球锦标赛一项赛事。

2. 俱乐部赛事

目前欧足联举办的有欧洲最主要的两大俱乐部赛事：欧洲冠军联赛以及欧足联欧洲联赛，欧洲冠军联赛前身是 1955 年所创办的欧洲冠军俱乐部杯（或称欧冠杯），1992 年改为欧洲冠军联赛，由欧洲各国联赛冠军以及各顶尖联赛的前几名参赛。

（三）欧洲足球联合会历任主席

欧洲是职业足球的中心，欧洲五大联赛、冠军联赛在世界的影响力无处不在，但这一切都离不开历任欧洲足协主席的共同努力。欧洲足球联合会历任主席（如表 1—6 所示）：

表 1—6　欧洲足球联合会历任主席

序号	国籍	姓名	年份
1	丹麦	埃贝·施瓦茨（Ebbe Schwartz）	1954—1962
2	瑞士	古斯塔夫·维德克尔（Gustav Wiederkehr）	1962—1972
3	意大利	阿特米奥·弗兰基（Artemio Franchi）	1972—1983
4	法国	雅克·乔治（Jacques Georges）	1983—1990
5	瑞典	伦纳特·约翰松（Lennart Johansson）	1990—2007
6	法国	米歇尔·普拉蒂尼（Michel Platini）	2007—2016
7	斯洛文尼亚	亚历山大·切费林（Alexander Chefering）	2016—现在

三、非洲足球联合会及其职能

（一）非洲足球联合会

非洲足球联合会（Confederation of African Football，CAF）是负责管理非洲地区足球事务的组织机构，成立于 1953 年，总部设于埃及，现任主席为伊萨·哈亚图（Issa Hayatou），组织的重要赛事包括非洲冠军联赛以及两年一届的非洲国家杯。

（二）非洲足球联合会主办比赛

1. 国家队

非洲国家杯（Africa Cup of Nations，简称非洲杯）由非洲足联主办，是非洲大陆最高规格的国家队比赛，地位等同于欧洲杯、美洲杯和亚洲杯等其他大洲的洲际大赛。

第一届非洲杯于 1957 年举行，自 1968 年开始，此项赛事正式确定为每两年举办一届，一直延续到 2013 年，由于改制而在 2012、2013 年间连续举办了两届非洲杯，之后仍为两年一届。同时还主办非洲青年足球锦标赛、非洲国家足球锦标赛、非洲女子足球锦标赛、非洲 19 岁以下足球锦标赛。

2. 协会

非洲冠军联赛、非洲超级杯、非洲联盟杯。

四、南美洲足球联合会及其职能

（一）南美洲足球联合会简介

南美洲足球联合会（Confederación Sudamericanade Fútbol，简称南美足联）是负责管理南美洲各项足球事务的体育机构，成立于 1916 年 7 月 9 日。目前南美洲足球联合会也是六大洲足协中平均素质最佳的，所有会员国中除了委内瑞拉外，其余国家均曾经打进世界杯足球赛决赛阶段的比赛。

（二）南美洲足球联合会主办比赛

南美足联组织的重要足球赛事包括美洲杯。南美足联各成员国水平在六大足协中最为平均，除了委内瑞拉外，其余成员国均进入过世界杯决赛阶段（如表 1—7 所示）。

表 1—7　南美洲足球联合会主办比赛

国家队赛事	协会赛事
美洲杯国家杯 美洲青年足球锦标赛 美洲国家足球锦标赛 美洲女子足球锦标赛 美洲 19 岁以下足球锦标赛	美洲解放者杯 美洲超级杯

五、中北美洲及加勒比海足球联合会及其职能

（一）中北美洲及加勒比海足球协会简介

中北美洲及加勒比海足球协会（Confederation of North，Central American and Caribbean Association Football，CONCACAF）是洲级足球运动的管理机构，负责北美洲、中美洲及加勒比海地区的足球事务。有三个地理上归南美洲的国家（地区）包括独立国家圭亚那、苏里南及法国海外省的法属圭亚那同为成员之一。

（二）中北美洲及加勒比海足球协会主办比赛

美洲金杯（CONCACAF Gold Cup）、美洲女子金杯（CONCACAF Women's Gold Cup）、中美洲国家杯（UNCAF Nations Cup）、中美联赛冠军杯（UNCAF Club Tournament）、加勒比海杯（Caribbean Cup）、中北美洲及加勒比海联赛冠军杯（CONCACAF Champions League）。

六、大洋洲足球联合会及其职能

大洋洲足球联合会是代表大洋洲所有地区的足球协会，亦是国际足联六个洲的足球协会之一，协助国际足联通过外围赛挑选球队参加世界杯。大洋洲足联于 1966 年成立，是由澳大利亚、新西兰及斐济共同创办。1996 年获国际足联同意成为其中之一的执行委员，同年重办大洋洲国家杯，所有足协成员国均可以参加赛事，制定赛事每隔两年举行一届。1999 年再重办大洋洲俱乐部冠军杯，冠军队伍可以参加世界俱乐部冠军杯。

澳大利亚是在 2005 年 3 月 23 日于吉隆坡的亚足联总部举行的第 10 届亚足联执委会会议上加入亚足联的。2013 年 8 月 26 日，据亚足联官网报道，澳大利亚足协正式加入东南亚足联，“袋鼠军团”将不会再参加东亚杯等东亚足联举办的赛事。

七、中国足球协会及其职能

（一）中国足球协会简介

中国足球协会（Chinese Football Association，CFA）成立于 1955 年，总部设于北京，是中国唯一拥有独立发展、独立管理、独立监督的单项体育协会。中国足球协会是中国足球运动的管理机构，中国足球协会简称中国足协或足协，它是亚洲足球联合会及国际足球联合会的成员，是全国性的群众体育组织，是中华全国体育总会的团体会员。

2016 年 2 月，中国足协与国家体育总局脱钩之后，中国足协将拥有更多的自主权利，内部机构也将进一步充实。为了此次脱钩，中国足协已进行了 3 次人才引进，还将设立 12 个专业委员会，除已有的教练委员会、裁判委员会、仲裁委员会和纪律委员会外，新增新闻委员会、技术委员会、竞赛委员会、青少年委员会、女足委员会、五人制与沙滩足球委员会、运动员委员会、道德与公平竞赛委员会。

（二）中国足球协会主办的赛事

2010 年 4 月，中国足协调整部门设置，由原六部一队调整为七部，即综合部、外事部、技术部、职业足球发展和监管部、竞赛管理部、国家队管理部（原国家队）、青少年和社会足球发展部；另外还有福特宝公司、中超公司等下属单位，这些部门分别主管中国国内的足球赛事（如表 1—8、1—9、1—10 所示）。

表 1—8 中国足球协会主办的男子赛事

赛事名称	创办	备注
中国足球协会超级联赛	2004	前身是 1989 年创办全国足球甲级队（A 组）联赛
中国足球协会甲级联赛	2004	前身是 1989 年创办全国足球甲级队（B 组）联赛
中国足球协会乙级联赛	2004	前身是 1989 年创办全国足球乙级队联赛
中国足球协会业余联赛	2002	原名全国足球业余（丙级）队联赛
全国职业足球俱乐部预备队联赛	2002	
中国足协杯	1984	2007 年起停办，2011 年复办
中超联赛杯	2004	2006 年起停办
中国足球超级杯	1995	原名超霸杯，2004 年起停办，2012 年复办

表 1—9 中国足球协会主办的女子赛事

赛事名称	创办	备注
中国女子足球超级联赛	1997	
全国女足联赛	1992	2007 年起停办
全国女足锦标赛	1983	
中国女子足协杯	2006	
中国女足超霸杯	1995	2009 年起停办

表 1—10 历任中国足球协会主席

序号	届次	姓名
1	第一届	黄　中
2	第二届	黄　中
3	第三届	李凤楼
4	第四届	袁伟民
5	第五届	年维泗
6	第六届	袁伟民
7	第七届	袁伟民
8	第八届	袁伟民
9	第九届	谢亚龙
10	第十届	韦　迪
11	第十一届	张　剑
12	第十二届	蔡振华

注：阎世铎、杨一民、南勇均为副主席

第四节　现代足球的发展趋势

一、欧洲的职业足球

第二次世界大战后，足球在欧洲范围内很快复兴起来。随着欧洲冠军杯的创立，各个国家的足球运动交流日益频繁。由于各个国家环境与球风的不同，从传统上来说，意大利和西班牙的联赛技术含量较高；而英格兰的联赛更加注重身体对抗，比赛节奏较快。但从整体上来说，自 20 世纪 50 年代到 90 年代，各个联赛之间的相互影响并不太大。虽然当时人们称意、英、西为三大联赛，但尚没有五大联赛出现。由于联赛的兴旺与经济发达与否和国家队成绩有直接联系，因此，在 21 世纪之前，意甲被认为是第一联赛，被誉为“小世界杯”。尤文图斯、AC 米兰、国际米兰在欧洲赛场上表现优异；而当时荷兰足球甲级联赛同样战绩彪炳，其影响力不逊于如今的法甲。

随着博斯曼法案的诞生，各个球员之间的转会完全自由，联赛的实力对比日益缩小。五大联赛的说法逐渐为人所知。西甲迅速崛起；英甲改为英超后，竞争力大幅提高；意甲由于经济萧条以及产生寡头垄断的局面，其竞争力下降；德甲竞争力同样明显下滑；法甲由于引进了大批来自第三世界的优秀球员，使得其成为新贵；同样情形的还有葡超；而荷甲的影响力同样出现下降。

欧洲足球五大联赛发展从大体上来说，西甲与英超吸引了大批球员，成为最大的球员输入地；意甲在电话门事件之后大量球员外流，有从球员输入地变为输出地的危险；而德甲、法甲、荷甲已经成为欧洲三大球员输出地。西甲是由于联赛技术含量高吸引了大批南美球员，英超则是由于其强大的经济支持与提升的技术含量而快速发展的。可以说在 2014 年之前五大联赛中，英超最商业化、西甲最传统、意甲最保守、德甲最稳定，而法甲组织结构则最讲究“思想性”与“公平性”。

随着足球商业化日益明显，大多数的欧洲研究足球人士和俱乐部老板认为：由 G14 自行组织的封闭式、没有升降级的“欧洲超级联赛”在未来十年内迟早会到来，21 世纪初期的欧洲足坛正处于新旧时代交替时刻。此外，由于博斯曼法案造成的中小俱乐部生存艰难等问题同样值得关注。

欧洲冠军联赛是目前水平最高、影响力最大的足球联赛，在 1991—1992 赛季之前，冠军杯的赛制是纯粹的淘汰赛，这个赛季则在产生 8 强时设立了小组赛。1992—1993 赛季，冠军杯正式更名为“欧洲冠军联赛”，比赛也发展成每个星期二和星期三进行，但人们习惯于将其称为欧洲冠军杯。在后来的几年中，欧洲冠军联赛的赛制又屡有变化，逐渐将分组循环赛制应用到复赛以前的比赛，参赛的球队也不再限于各国的联赛冠军以及上赛季的欧冠冠军，一些足球强国的联赛亚军也可以参赛。而这一系列的变化，都是为了增加比赛的场次，使参赛的各队能够得到更多的收益。

1998 年，为了阻止各大俱乐部建立欧洲超级联赛的设想，欧足联决定从 1999—2000 赛季起对欧洲三大杯赛进行有史以来最大的改革——欧洲优胜者杯被取消。而根据欧洲俱乐部比赛成绩的排名，各国可以派出 1—4 支球队参加欧洲冠军联赛。此外，对小组赛赛制进行了进一步修改，又增加了一轮小组赛，第一阶段的小组赛由 32 支球队分成 8 组，每组 4 队，每队进行 6 场比赛。8 个小组的前两名进入第二阶段的小组赛，第三名进入欧洲联盟杯第三轮，第二阶段小组赛决出 8 强晋级淘汰赛。

2003—2004 赛季，欧洲冠军联赛取消了第二阶段小组赛，也就是产生 16 强之后直接开始进行淘汰赛，直到决出冠军为止。

2013 年 5 月 24 日，欧足联正式确认从 2015 年起，欧洲联赛冠军将获得下赛季欧冠参赛资格。第一个通过这个规则参加欧冠的是 2014—2015 赛季的欧联冠军塞维利亚，由于欧冠卫冕冠军巴塞罗那同时也是西甲卫冕冠军，塞维利亚不需要参加附加赛就直接获得了欧冠小组赛的资格。

二、美洲足球的滑坡

足球运动虽然在全世界范围内发展，但是欧洲足球始终走在世界的前列，原因不外乎欧洲国家社会福利制度较为完善，足球发展历史悠长且制度健全，加之欧洲区域在近现代以来都是世界文明的中心，所以造就了欧洲足球运动的繁荣。不过在历史长河中，欧洲足球并不独行，南美足球凭借自己异常广泛的群众足球基础、不健全的社会保障制度导致贫民窟的孩子除足球外并无其他生存技能，以及不输于欧洲足球员的足球理念，因此，南美与欧洲足球始终呈分庭抗礼之势。欧洲的足球俱乐部再强、国家队再强，在遇到南美的足球俱乐部和国家队时也难免会落败，虽然说胜多败少，总体占优势，但其优势从来不是很大。

然而，近 10 年来，南美洲的足球整体水平呈现一定的下滑趋势。南美球员与生俱来的足球天赋，应该说在全世界都是享誉盛名的，加上悠久的职业足球历史和良好的青训体系，出现了许多世界级的足球超级明星。但是，一个值得注意的问题是，这些明星大多都是在欧洲顶级联赛中走向巅峰的，世界足球的中心仍在欧洲，这就是两者资金的差距，南美逐渐变成了欧洲的青训营，欧洲成了南美的大财主。这也就是南美足球俱乐部的水平开始走向下滑的原因。

一方面，南美洲现有球员的发展受限。如今，欧洲的俱乐部越来越职业化，移民也带来了本土球员的多样化，非洲移民的强势崛起也使得欧洲本土人才辈出，选择面扩大。而南美球员过于随性的性格特点让他们在欧洲的发展受到阻碍，只有顶级球员才能在欧洲立足，而大批球员难以适应，导致很多优秀的南美球员没有更高的舞台，于是开始向亚洲大量涌入，大环境不如以前，这样势必会导致整体水平的下降。可以预期，南美足球如果没有大量资金的帮助就会慢慢落后于欧洲，并走向全面衰退。

另一方面，南美足球出现断代危机。早在全球化之前，欧洲足球俱乐部就凭借自己优良的足球环境和雄厚的足球资金，加之已经非常完善的足球竞技体系，打造了自己的世界第一足球竞技平台。当世界开始一体化时，南美足球立即发现被欧洲足球先行一步占领先导市场的危害性有多大了。全世界的足球投资商都盯着欧洲足球联赛，导致欧洲足球俱乐部有了更为雄厚的资金涌入南美足球，他们已经不再满足于将南美足球联赛中的优秀人士带到欧洲足球赛场上去发光发热，而是把南美足球中的优秀孩子早早就带离南美，在欧洲足球氛围中加以培养。这种几乎掠夺性的开发，直接导致了南美足球成为欧洲足球的后院菜园，任由欧洲足球俱乐部予以夺取，并且导致了南美的各级足球俱乐部都出现了无源之水的干渴感，南美足球开始缺乏自己的传人，出现断代了，并且足球水平持续下降，慢慢就失去了与欧洲足球抗衡的力量，这种因疯狂挖掘足球苗子而彻底断送足球水平的例子很多，离我们最近的就是大连足球。

不仅是南美足球俱乐部，南美国家级足球队也开始受到危害。虽然说南美的孩子们在欧洲能够成才，但如果入选南美各国国家队，也会使南美各国国家队保持表面上的繁荣。由于欧盟的入籍政策较为宽松且各成员国要求不一，加之足球资金的吸引，南美足球运动员同时拥有欧洲国家国籍的情况是屡见不鲜了。这事如果发生在成年人身上也就算了，他们多数已经为南美国家队出战过了，但发生在孩子们身上那就可怕了，因为他们都有自由选择代表国家的权利。最突出的例子就是梅西，他有权选择代表阿根廷或者西班牙出战，如果不是伟大的潘帕斯雄鹰把梅西感召进了阿根廷队，真难以想象阿根廷国家队现在会不会混得更差，当然这里还有个前提就是西班牙足球队不把梅西当外援看……像梅西这种在民族感情上有高风亮节的人少有，有些南美人就直接代表欧洲国家队参赛了。因此，即使是国家队层面的比赛，南美足球也已经落下风了。因此，南美足球水平已经开始全面走低。

三、现代女子足球运动的格局

20 世纪 90 年代是世界女子足球运动快速发展的阶段。1991 年，国际足联正式举办第 1 届世界女子足球锦标赛；5 年后，国际奥委会把女子足球列为第 26 届奥运会正式比赛项目；到 2002 年，女子足球已成功举办了 3 届世界锦标赛和 2 届奥运会比赛，女子足球运动全面进入世界竞技舞台。女子足球竞技水平已从开始的初级阶段向着更高的层次发展，在竞技能力上表现出高速度、强对抗，趋于“男性化”的整体发展态势。

20 世纪 90 年代初形成的美国、欧洲、中国三强鼎立的局面开始动摇。1991 年第 1 届世界女子足球锦标赛，美国、挪威、瑞典、德国、中国 5 强名次排列，到 90 年代末已经改变为美国、中国、挪威、巴西、德国的新格局，同时，由瑞典、意大利、尼日利亚、俄罗斯、朝鲜 5 队组成的第二集团，已具备了与第一集团抗衡的实力，世界女子足球运动发展呈现多级性的趋势。

世界女子足球发展呈现出的多级性趋势与下列因素有关：

（1）世界女子足球锦标赛的举办和被正式列入奥运会项目，改变了人们以往对女子足球的传统观念，促进了各国女子足球运动的发展，为世界女子足球多级性发展奠定了物质基础。

（2）女子足球运动的迅速发展，使以往靠某一方面优势角逐足坛的指导思想渐渐落伍，高水平的身体素质、技战术和心理综合能力是未来发展的方向，这一概念促进了女子足球运动多级性的趋势。

（3）一些国家女子足球在根据自身特点不断挖掘潜力的同时，学习、借鉴本国男子足球的成功经验，竞技水平迅速提高。如：巴西、意大利、俄罗斯等国的这种现象为女子足球发展多级性趋势提供了条件。

（4）由于竞赛制度的作用为一些有才华的女足运动员提供了展现实力的机会，从而使多级性趋势进一步明显。

四、中国男子足球运动

（一）中华人民共和国成立前中国的足球运动

1840年，随着鸦片战争的爆发，足球运动也传入中国。19世纪90年代—20世纪初期，我国一些沿海城市的教会学校先后开展了足球运动。1901 年，上海圣约翰大学和南洋大学先后成立了足球队并进行对抗赛。

1913—1923 年，中国足球队曾参加了 6 届中、日、菲三国组成的远东运动会足球比赛，并获得了第 2 届至第 6 届足球比赛的冠军。1923 年 7—11 月南华足球队首次出访澳大利亚，取得了 8 胜 7 平 9 负的成绩。

1923—1937 年是中华人民共和国成立前中国足球运动的盛行时期，足球运动由学校发展到社会，由沿海城市发展到内地，并举办了全国运动会的足球比赛和全国足球分区赛。同时还派出多支球队出访国外，如由乐华、南华、中华组成的“三华”精英队，上海交通大学队、香港大学队、上海中华队分别出访新西兰、澳大利亚、日本、菲律宾、印度尼西亚等国，并与来访的外国球队进行比赛。特别是中国足球队在第 7 届至第 10 届远东运动会足球比赛中连续夺冠；1936 年参加柏林举办的第 11 届奥运会，并产生了较大的影响。

1937—1945 年抗日战争时期，足球运动受到了严重影响，国际交往完全停止。但在江西、延安革命根据地举办的运动会上，仍然有足球比赛和足球表演。

抗日战争胜利以后，足球运动在香港、上海、东北等地恢复较快，先后组织了上海的青白足球队，沈阳的东北风足球队，大连的中青队、隆华队、新青队等一些有实力的足球队，举办全国运动会足球比赛和城市足球对抗赛。1948 年 8 月 2—13 日，中国足球队还参加了伦敦举办的第 14 届奥运会足球比赛。

（二）中华人民共和国成立后中国的足球运动

中华人民共和国成立初期，中国足球运动水平很低，足球人才也十分缺乏。在党和政府的关怀下足球运动水平不断提高，并于 1952 年 5 月成立了国家队。1954 年组派国家青年队赴匈牙利学习，运动员回国后对国内足球运动水平的提高发挥了重大作用。1955 年 1 月 3 日成立了中国足球协会，为组织和推动国内足球运动的广泛发展起到了积极作用；除此之外，还邀请了苏联足球专家苏施科夫来北京与李鹤鼎教授一起主持了全国首期足球研究生班的讲课。1956 年 4 月，国家体委颁布了《青少年业余体育学校章程（草案）》和《中华人民共和国运动竞赛制度的暂行规定（草案）》，开始实行甲乙级足球联赛和运动员、裁判员等级制；1958 年开始实行甲乙级升降制。这些制度的建立，为新中国足球运动水平的提高打下了一定的基础。

1958 年，北京足球队、八一足球队分别与获得第 16 届奥运会足球冠军的苏联国家队踢成平局；1959 年，中国国家队战胜匈牙利奥林匹克足球队，并在中、苏、匈 3 国对抗赛上获得亚军。在天津、北京、上海、广州队与当时瑞典的冠军"尤哥登"队的 4 场比赛中取得了 1 胜 2 平 1 负的成绩；1960 年，中国国家队还获得了中、朝、越、蒙 4 国对抗赛的冠军。

20 世纪 60 年代初期，由于遭受 3 年自然灾害以及经济严重困难等原因，全国大多数足球队中断了系统训练，足球运动水平大幅度下降，在 1963 年第 1 届新兴力量运动会足球比赛中，中国国家队未进入前四名。

随着国家经济的恢复，足球运动也得到了发展。1964 年 2 月，在北京由国家体委、全国总工会、共青团中央、教育部共同召开了全国足球训练工作会议，对中华人民共和国成立 14 多年以来的足球工作进行了系统总结，颁发了《关于大力开展足球运动，迅速提高技术水平的决定》的重要文件，提出了四项措施，即广泛开展群众性足球运动，加强青少年的训练工作；加强专业队的政治思想工作；改进全国足球竞赛制度；加强对足球运动的领导。同时提出了"从难、从严、从实战需要出发，进行大运动量训练"的训练指导思想，确定了北京、天津、上海、广州、武汉、大连、沈阳、南京、延边、梅县 10 个全国足球重点发展城市和地区，这些举措推动了足球运动水平的回升。1965 年，重建的国家队在第 2 届新兴力量运动会的足球比赛中获得第二名。

"文化大革命"期间，全国足球竞赛、训练、科研、教学等活动几乎全部停止，使足球运动重新跌入深谷。1967—1970 年，全国各级别足球竞赛和国际往来全部停止。1971 年，尝试性地举办了全国甲级队集训赛；1972 年，在举办的全国五项球类运动会上出现了足球比赛；1973 年，恢复了全国足球联赛、全国青年足球比赛和全国足球分区赛；1975 年，第 3 届全运会设有足球比赛项目；1976 年，举办了全国 16 个单位少年足球分区赛。但是，所谓的“体育革命”又使新老队员青黄不接，后备力量严重匮乏，足球运动水平再次下降。

十一届三中全会后，政治局面趋于稳定，国民经济趋向好转，足球运动得到重新发展。1978年，开始恢复全国甲乙级双循环升降级制的比赛，并建立了甲级、乙级、青年、少年四级竞赛体制。1979年6月6日，国务院批准下发了《国家体委关于提高我国足球技术水平若干措施的请示》，针对性地提出了在青少年中大力普及足球运动，抓好足球运动的重点地区，迅速组建国家青年队，大力加强科研工作等九大措施。同年，在全国足球工作会议上，重新确定了京、津、沪等16个全国足球重点发展城市和地区，增设了“萌芽杯”“幼苗杯”“希望杯”的比赛。1981年，在北京召开的全国足球训练工作会议上，总结了足球训练工作的经验与教训，明确了加强训练基础建设、完善训练体制、提高训练水平的主要任务。1982年，国家体委、教育部、团中央下发了《关于在全国中小学积极开展足球活动的联合通知》，为推动后备人才的培养起到了重要作用。1985年和1988年，分别在天津与广东佛山召开了足球论文报告大会。1990年2月，国家体委发出了《关于中国足协实体化的通知》，撤销了原国家体委足球办公室；同年，在北京成功地举办了第11届亚运会足球比赛。

在这期间，中国国家队、青年队和少年队前后参加了亚洲杯、亚运会、奥运会、世界杯预选赛等重大国际比赛。虽然总体上成绩不够理想，但在第8届亚运会足球比赛中，中国国家队获得第三名；在第24届奥运会足球比赛中，中国国家队进入决赛圈；在首届世界杯少年足球赛中，国家少年队进入了前八名。

然而，中国足球运动离“冲出亚洲，走向世界”的口号还有较大的差距，为跟上形势，人们要求进行足球改革的呼声越来越高。

（三）红山口会议——揭开了中国足球职业化改革的序幕

我国足球运动受到党和国家领导人的关心，以及广大人民群众的喜爱。半个世纪以来，足球界前仆后继，取得了一些发展和进步，但远远不能满足国家形势的需要、实现人民的愿望，尤其在一些重大比赛中，中国国家队屡战屡败。根据中央关于“牢牢把握党的基本路线，一百年不动摇，抓住机遇加快改革开放，把经济搞上去”的号召和邓小平同志南行重要讲话的指示精神，国家体委决定把足球改革作为体育改革的突破口，并于1992年6月23—27日，在北京红山口甲3号召开了全国足球工作会议。

本次会议的主要议题：（1）足球体制问题。如何使中国足协实体化得到充实，并逐步使地方足协也得到充实；怎样由目前地方代表队逐步过渡到俱乐部制改革的方案（草案）。（2）机制问题。宏观领导机制转换问题，中国足协对地方监督、协调和宏观管理问题，市场机制以及自我发展机制问题。（3）全国足球界进行整顿问题。主要从中国足协、地方足协、运动员队伍、裁判员队伍等方面进行整顿。

在这次会议上，中国足协做了《深化改革，坚持团结，为推动我国足球事业的发展而努力》的报告——中国足协1992年工作报告，并下发了《关于强化足协实体化改革实施方案（草案）》《关于建立和逐步完善足球俱乐部体制的实施方案（草案）》《中国足球协会俱乐部条例（草案）》《中国足球协会会员制章程（草案）》《关于整顿队伍促进改革的实施方案》等 20 个文件，并在会议中进行讨论落实。红山口会议为中国足球摆脱单一的计划经济束缚，遵循足球运动的发展规律，步入社会主义市场经济的轨道指明了方向，也为中国足球改革奠定了思想基础，在中国足球发展史上谱写了新的篇章。

（四）职业足球在中国

职业足球起源于 19 世纪 80 年代的英国，到 20 世纪 70 年代，欧美各国普遍建立了足球俱乐部。一些国家的足球运动从业余转向职业化后，成绩有显著的提高。如丹麦在 1978 年实行职业足球后，1981 年首次进入欧洲前 10 名（以前一直在 20 名外），1986 年第一次进入世界杯决赛圈。

为了改变中国足球的落后面貌，根据中央关于加快改革、扩大开放和邓小平同志重要讲话的精神，国家体委决定把足球改革作为体育改革的突破口。为了解决阻碍我国足球运动整体水平提高的主要问题，力争在本世纪内迅速提高我国足球运动的技术水平，实现党和人民对“足球”的期望，在红山口会议上与会代表讨论了《中国足球运动改革总体方案》（简称《总体方案》）。在《总体方案》中提到：我国现行足球体制是省市队按行政系统组织的，这种体制对我国足球运动的发展曾起到重要作用。随着社会的发展和世界足球运动技术水平的提高，今后应逐步地建立起符合我国国情的俱乐部体制，形成适应社会主义有计划的商品经济，依托社会、取之于民、用之于球、自我发展、充满生机的良性运行机制，从而调动足球运动员、教练员和工作人员的积极性、创造性，增加足球事业的活力和后劲，全面提高运动技术水平，并计划从 1994 年起举办全国俱乐部联赛。

1993 年春，来自甲 A 的 8 个新成立的足球俱乐部，在广东珠江三角洲，各队以某一城市为据点，试行主客场制的俱乐部杯赛，同时在北京、天津、上海、大连、广州、青岛、武汉、重庆、西安、深圳、沈阳等试点城市和条件具备的省、行业体协建立起不同类型的近百个足球俱乐部，为在我国推行职业比赛做了充分的准备。

1993 年 10 月 14—18 日在大连又召开了全国足球工作会议，会议明确提出：必须坚定改革的方向，进一步深化改革，深入整顿，加快改革的步伐。并同意在 1994 年全国甲级联赛 A、B 组各有 12 支队伍参加比赛，继续采用主客场制并注入市场机制，实行比赛收入分成。同时公布了《中国足球协会章程》《中国足球协会俱乐部章程》，此外，还有足球运动的管理、训练、比赛及经营活动的规章制度，逐步把我国足球事业的发展纳入法制化轨道。

1994 年 4 月 17 日，中国足球职业联赛——万宝路杯全国甲级队 A 组联赛诞生。为增强首届职业联赛的启动力，开拓市场，促进地方足协实体化，中国足协与国际管理集团签署了《冠名赞助中国足球甲级队 A 组联赛协议书》，中国足协将奖杯名转让所得的人民币 960 万元分拨给各甲 A 俱乐部，作为各俱乐部充实职业联赛的启动资金。联赛首次允许引进外籍教练员和运动员，在这一赛季里有来自俄罗斯、乌克兰、英格兰、波兰、日本、朝鲜、韩国等国家的 15 名外籍运动员参加了我国甲 A 联赛，这些“外员”在一定程度上提高了球队的实力，给中国运动员带来了一定的危机感。由于联赛水平提高，使原先较为冷落的球市开始旺盛，据统计，在前 4 轮的 24 场比赛中共有 52.25 万人到场观战，平均每场达 2.18 万人，其中成都、延吉两地的观众有时超过 4 万,四川球迷包机赴沪为“川军”助威，开创了中国足球历史上一个新纪录。在这一年的比赛中，中国足协再次与国际管理集团合作，在第 11 轮联赛后，每轮选择一场比赛首次向海外直播，亚洲的 53 个国家、地区可通过卫视体育台看到中国足球的联赛。由于各队技战术水平的提高，攻防转换速度加快，使比赛更为激烈、精彩，在甲 A 联赛第 22 轮 132 场比赛中，合计进球 354 个，平均每场进球为 2.68 个，接近当年举行的第 15 届世界杯平均每场的进球数（2.71 个）。

在 1994 年出台的会员制、注册制、合同制的基础上，中国足协在 1995 年决定在中国管辖下的职业俱乐部实施运动员转会制。1995 年 1 月 4 日，武钢一队的蔡晟、冯志刚、张军正式向中国足协提交转会到深圳俱乐部的申请，成为我国职业联赛首批申请转会的队员。2 月 19 日，广东宏远与辽宁远东队达成黎兵转会协议，转会费为 64 万元，成为当年国内转会费最高的足球运动员。这一年甲级俱乐部共有 16 名队员转会，44 名队员租借，人才开始流动，竞争机制提高了运动员从事足球事业的积极性和主动性。如上海申花队在徐根宝的带领下，充分利用竞争机制，使运动员参与训练的主动性和积极性空前提高，保证了“抢、围、逼”战术的实现，一改以往的“软、散、慢”现象，在本年度比赛中创造了十连胜的战绩，登上了甲 A 联赛冠军宝座。而辽宁队在体制、运作机制、队伍管理、训练质量等方面比较落后，在 22 轮比赛中，只取得 4 胜 5 平 13 负，位居末位，跌入甲 B 行列。

随着足球体制改革的深化，新旧体制的碰撞，金钱与精神的较量，必然在职业化进程中反映出来，为此，中国足协在本赛季初，公布了严厉惩处打假球的九大措施，为我国职业化联赛营造公平的竞争环境。

1996 年，中国足球职业联赛进入第 3 个年头，足球作为体育改革的突破口已初见成效，改革前中国足球队只有男子队 20 支，女子队 8 支，运动员 700 人，政府每年投资 900 万元，经过 4 年的改革，男子队发展至 60 支，女子队 29 支（成年队 14 支，青年队 15 支），运动员 7 675 人，业余俱乐部超过 200 个，在中国足协注册的教练员为 422 人，其中专职教练员 353 人。国家投资减为 630 万元，市场收入超过 1 亿元，中国足球开始从社会消费型向带有产业色彩的方向转化。球场观众也呈上升趋势，平均每场有 2.43 万人次观看。

在 1997 年的全国足球工作会议上，决定 1998 年甲 A 联赛增至 14 支队伍。

由于体育改革步伐较快，实力增长滞后，某些俱乐部片面追求比赛成绩，忽视思想教育和管理制度，破坏了正常的分配原则，部分队员职业素质不高，训练状态“软、散、慢”，据当年中国足协对 6 支甲 A 队伍的调查，每队每周安排 8 节训练课，平均周训练时间只有 9 小时 32 分，队员每周平均传球 226 次，射门 43 次，每场比赛跑动距离最高 6

900 米，最低 4 500 米。为此，国家体委领导提出：狠抓思想政治工作，狠抓严格管理，狠抓赛风，狠抓训练，狠抓法制建设，只有这样，中国足球才有希望。中国足协也出台了《中国足球协会俱乐部思想政治工作条例》《俱乐部球员的工资标准》等规章制度，要求党支部要建在队伍上，开展思想政治工作，培养有理想、有道德、有文化、守纪律的新型足球运动员和教练员。

尽管中国国家队于 1997 年再次与世界杯决赛无缘，但是国内的职业联赛仍受到广大球迷的关注，行家对该年联赛的评价是稳中有进。如每场平均进球数为 2.29 个（如表 1—11 所示），命中率为 10.8%（1996 年为 2.21 个和 8.5%），该年每场平均一抢一的次数为 156.8 次，成功率为 54.2%（1996 年为 144 次和 53.6%）。大连万达队连续 55 场不败，提前五轮稳居甲 A 联赛冠军，成为职业联赛以来第一支成功卫冕的队伍。武汉雅琪、深圳平安以甲 B 联赛冠、亚军身份进入 1998 年甲 A 联赛行列，沈阳海狮、广州松日因 1998 年甲 A 联赛扩军而进入甲 A 联赛行列。

表 1—11　中国国家足球队历年每场平均进球数

时间	主	比分			客	进球	失球	净胜球	总计
1997/5/4	土库曼斯坦	1	:	4	中国	4	1	3	11
1997/5/11	塔吉克斯坦	0	:	1	中国	1	0	1	
1997/5/25	越南	1	:	3	中国	3	1	2	
1997/6/1	中国	1	:	0	土库曼斯坦	1	0	1	
1997/6/8	中国	0	:	0	塔吉克斯坦	0	0	0	
1997/6/22	中国	4	:	0	越南	4	0	4	
1997/9/13	中国	2	:	4	伊朗	2	4	−2	3
1997/9/26	卡塔尔	1	:	1	中国	1	1	0	
1997/10/3	中国	1	:	0	沙特阿拉伯	1	0	1	
1997/10/10	科威特	1	:	2	中国	2	1	1	
1997/10/17	伊朗	1	:	4	中国	4	1	3	
1997/10/31	中国	2	:	3	卡塔尔	2	3	-1	
1997/11/6	沙特阿拉伯	1	:	1	中国	1	1	0	
1997/11/12	中国	1	:	0	科威特	1	0	1	
2001/4/22	中国	10	:	1	马尔代夫	10	1	9	21
2001/4/28	马尔代夫	0	:	1	中国	1	0	1	
2001/5/6	柬埔寨	1	:	4	中国	4	1	3	
2001/5/13	中国	5	:	1	印度尼西亚	5	1	4	
2001/5/20	中国	3	:	1	柬埔寨	3	1	2	
2001/5/27	印度尼西亚	0	:	2	中国	2	0	2	
2001/8/25	中国	3	:	0	阿联酋	3	0	3	11
2001/8/31	阿曼	0	:	2	中国	2	0	2	
2001/9/7	卡塔尔	1	:	1	中国	1	1	0	

续表

时间	主	比分			客	进球	失球	净胜球	总计
2001/9/15	中国	2	:	0	乌兹别克	2	0	2	
2001/9/28	阿联酋	0	:	1	中国	1	0	1	
2001/10/7	中国	1	:	0	阿曼	1	0	1	
2001/10/13	中国	3	:	0	卡塔尔	3	0	3	
2001/10/20	乌兹别克	1	:	0	中国	0	1	-1	
2004/2/18	中国	1	:	0	科威特	1	0	1	13
2004/6/9	中国	4	:	0	马来西亚	4	0	4	
2004/9/8	马来西亚	0	:	1	中国	1	0	1	
2004/10/13	科威特	1	:	0	中国	0	1	-1	
2007/10/22	中国	7	:	0	缅甸	7	0	7	11
2007/10/28	缅甸	0	:	4	中国	4	0	4	
2008/2/6	伊拉克	1	:	1	中国	1	1	0	-1
2008/3/26	中国	0	:	0	澳大利亚	0	0	0	
2008/6/2	卡塔尔	0	:	0	中国	0	0	0	
2008/6/7	中国	0	:	1	卡塔尔	0	1	-1	
2008/6/14	中国	1	:	2	伊拉克	1	2	-1	
2008/6/22	澳大利亚	0	:	1	中国	1	0	1	
2011/7/23	中国	7	:	2	老挝	7	2	5	10
2011/7/28	中国	6	:	1	老挝	6	1	5	
2011/9/2	中国	2	:	1	新加坡	2	1	1	4
2011/9/6	约旦	2	:	1	中国	1	2	-1	
2011/10/11	中国	0	:	1	伊拉克	0	1	-1	
2011/11/11	伊拉克	1	:	0	中国	0	1	-1	
2011/11/15	新加坡	0	:	4	中国	4	0	4	
2012/2/29	中国	3	:	1	约旦	3	1	2	
2015/6/16	不丹	0	:	6	中国	6	0	6	26
2015/9/8	马尔代夫	0	:	3	中国	3	0	3	
2015/10/8	卡塔尔	1	:	0	中国	0	1	-1	
2015/11/12	中国	12	:	0	不丹	12	0	12	
2016/3/4	中国	4	:	0	马尔代夫	4	0	4	
2016/3/29	中国	2	:	0	卡塔尔	2	0	2	
2016/9/1	韩国	3	:	2	中国	2	3	-1	-2
2016/9/6	中国	0	:	0	伊朗	0	0	0	
2017/10/6	中国	0	:	1	叙利亚	0	1	-1	

续表

时间	主	比分			客	进球	失球	净胜球	总计
2016/10/11	乌兹别克	2	:	0	中国	0	2	-2	
2016/11/15	中国	0	:	0	卡塔尔	0	0	0	
2017/3/23	中国	1	:	0	韩国	1	0	1	
2017/3/28	伊朗	1	:	0	中国	0	1	-1	
2017/6/13	叙利亚	2	:	2	中国	2	2	0	
2017/8/31	中国	1	:	0	乌兹别克	1	0	1	
2017/9/5	卡塔尔	1	:	2	中国	2	1	1	

首届全国女足超级联赛开赛，为女子足球职业化做尝试。

足球职业化以来，随着联赛的拼抢对抗激烈程度、技战术水平的提高以及比赛可观赏性的明显进步，传媒也加大了对足球的宣传报道，足球已成为人们周末休闲和茶余饭后的热门话题。万达、申花、国安等原来并不为人们所知的企业正是因为介入足球，现在已变得家喻户晓，不少企业把对足球的投资作为广告经营的首选。

1998 年，中国职业联赛跨入第 5 个年头，甲 A 队伍首次扩展为 14 支，甲 B 队伍仍为 12 支，向中国足协注册的职业和业余运动员达到了 3 万多人，其中年龄在 20 岁以下的占 87%。截至 1999 年 12 月 30 日，中国足协转会市场挂牌的 474 名球员，只有 93 名找到了“婆家”，足球运动员面临“下岗”危机。

另外，外籍教练员、外籍运动员的引进也有很大进展。在 1997 年，14 支甲 A 队伍中就有 6 名外籍主帅、近 50 名外籍运动员参赛；到 2000 年时，外籍教练员不仅是一名主帅，有些还带来了一个教练组。各球队对外籍运动员的挑选也越来越重视，目前在 26 支甲级队伍中没有“外员”的队伍已屈指可数，这些外籍教练员和运动员的到来对我国足球运动水平的提高有一定的帮助。职业足球在中国的开展给中国足球运动带来了生机。

2004 年，中国足球协会在总结中国 10 年职业足球的基础上，为进一步提升中国职业足球竞赛水平和品牌，正式推出了“中国足球协会超级联赛”（简称“中超联赛”）。中超联赛第一届有 12 支球队参加，首两届暂停升降级制度，于 2006 赛季恢复“升二降二”的升降级制度。经历了 13 个赛季的努力，中超联赛在中国足协的指导下，在 2017 年 4 月国际足球历史和统计联合会（IFFHS）发布的最新一期世界足球联赛排名中，中超联赛以 411.5 分排名世界第 36 位，在亚洲足球联赛中排名第 3 位。

第二章　足球的基本技术

本章内容

一、传球的基本技术

二、停球的基本技术

三、运球与过人技术

四、防守技术

五、假动作与摆脱

六、守门员技术

在足球技术发展过程中，足球攻防技术的整体化是当今足球发展的重要标志。随着足球场上位置分工的逐渐淡化，前锋、前卫、后卫、守门员的基本职责已不再是传统意义上的前锋线射门得分、中场组织调度、后场防守。在高水平的比赛中，后卫长途插上的助攻层出不穷，比如：阿尔维斯、卡玛哈尔、阿拉巴等。同时前锋参与防守，尤其前场高位防守的运动员也不在少数，比如：特维斯、鲁尼、穆勒等。再比如现在的第一门神——意大利的布冯，曾经是一名出色的前锋。因而，运动员要满足当今足球比赛的需要，必须做到在足球技术的多样化、全面化的基础上，突出自己的足球技术特点。

运动员对比赛中攻守规律的认知，并根据临场变化而采用合理的、正确的、有效的技术动作，它不仅要求运动员具备坚实的技术基础，还需要运动员提高对足球比赛临场的反应能力和各种技战术，了解队友的习惯与特点，适应对手的打法和特点。目前，提高足球意识已经成为初学足球的开始，把足球意识贯穿到足球的技战术中去。足球的实战技术是根据比赛的临场需要而总结出来的，这些技术在比赛中源于运动员自己的身体、意识、心理等素质。进攻技术通常分为：传球、接球、运球；防守技术通常分为：断、堵、抢、争、铲。

第一节　传球的基本技术

传球是集体配合的基础，它是完成战术配合、创造射门机会的主要手段。选择传球目标、掌握传球时机和控制传球力量是传球的主要战术内容。按传球的距离可分为短距离传球（15 米以内）、中距离传球（15—29 米）和长距离传球（30 米以上）；按传球的高度可分为地滚球、低平球和高空球；按传球的方向可分为直传、斜传、横传和回传。

根据传球的目的，还可分为向脚下传和向空当传两种。比赛中向空当传，特别是向前方空当传可以增加进攻速度，能有效地渗透防守线，对对方的威胁最大，向空当传是传球的主要形式。但比赛实际也需要向脚下传和横传、回传，这些传球的目的是为了更好地控制球，掌握比赛的节奏，为有效地向前、向空当传做好准备。过多地向脚下传和横传、回传虽能控制球，但对对方的威胁甚小；而单一地向前、向空当传虽推进速度快，但易被对方识破而降低进攻成功率。所以，两者必须有机结合、灵活应用，才能达到最佳战术效果。

传球技术是足球各项技术中的前提与保证，是足球场上的语言，是足球运动中必不可少的基础环节。纵观世界足坛强国从欧洲的意大利、法国、荷兰、德国到南美洲的巴西、阿根廷无一不是注重传球的准确性、合理性、实用性，在比赛中打出淋漓尽致的配合，让世人领略到足球魅力的所在。近观亚洲劲旅日本、韩国，通过近几届的世界杯、奥运会，尤其是在亚洲各项重大赛事中的表现，使两队在近几年推行的足球技术得到了回馈。在比赛中传球的准确性、快速连续的一脚短传、大范围的长传转移，无一不体现出场上宽阔的视野、精湛的脚法和传出球的时间、高度、速率及落点上。在近两年国内青少年 U 系列足球联赛中，表现好的队伍主要体现在传接球失误少、成功率高上。各种技战术配合所依赖的正是足球运动中至关重要的技术——传球。在一场比赛中，最经常用到的就是传球。几乎所有的进球都需要经过传球来完成，同时传球也体现了足球这个团体项目里配合的重要性。

英国人有个理论，不会传球的人，就不会踢球，可见传球在足球里的重要性；而西班牙人控球，尽可能地把球控制在自己脚下，这样才能多进球。在防守、进攻时，致命的传球才是每个球队核心所在。传球是足球运动不可分割的一部分，没有传球就绝对没有射门。

比赛中当控球者同时可向几个队员传球时，应传给对对方威胁最大的队员，一般向前、向空当跑的队员对对方的威胁较大，就应及时、准确地将球传向向这些空当跑的队员。

传球技术是指比赛中运动员用脚的某一部位将球传向指定的目标。传球按照脚的部位可分为：脚内侧、脚背正面、脚背内侧、脚背外侧、脚尖与脚跟六个部位的传球。

一、脚内侧踢球

脚内侧踢球（又称脚弓踢球）是踢球时最常使用的部位，它触球的面积比脚的其他部位都大，这使得在踢球时可以更容易地控制住球。因此，脚内侧踢球是进行短距离传球和射门的理想方法。但由于脚内侧踢球时要求大腿前摆到一定程度需要外展且屈膝，故大腿与小腿的摆动都受到限制，因此，出球力量较小。脚内侧踢球用途广泛，在比赛中多用于各种短传配合以及空中传球。

（一）脚内侧踢地滚球

脚内侧踢地滚球是运动员有目的地用脚的内侧，将球踢向预定目标的技术动作。直线助跑，支撑前的最后一步稍大些，支撑脚踏在球侧约 15 厘米处，膝关节微屈，脚趾指向出球方向。踢球的那条腿以髋关节为轴由后向前摆动，膝踝关节外展，脚尖稍翘，以脚内侧对准来球，当膝关节摆至接近球体上方时，小腿加速前摆，击球刹那，脚跟前顶，脚型固定，用脚内侧击球的后中部（如图 2—1 所示）。

图 2—1

（二）脚内侧踢空中球

脚内侧踢空中球时，支撑脚踏在球的侧后方 15 厘米左右处，膝盖稍弯曲，踢球脚稍向后提起，膝盖外转，脚尖稍翘起，前摆时小腿加速，脚迅速外转 90 度，脚掌与地面平行，脚腕要用力，用脚内侧触球的后中部，将球向正前方踢出。空中球直接传递时，大腿在踢球前先抬起，小腿拖在后面，脚内侧对正出球方向，利用小腿摆动平击球的中部，如要踢出低球或高球，可触球的中上部或中下部。向左传球时，传球脚的脚内侧对正出球方向，由右向左侧摆，用推送或敲击动作将球传出；向右传球时，以支撑脚的前脚掌为轴，身体向右扭转，使传球脚内侧对正出球方向推送球。

（三）易犯错误

（1）踢球腿膝踝关节外展角度不够，脚趾没勾翘，击球脚型不正确，影响击球效果。

（2）踢球腿直腿击球，出球乏力。

（3）支撑脚位置靠后，击球刹那脚型不固定，出球不顺畅。

（四）纠正方法

（1）可进行分解练习或无球模仿练习，也可结合固定球进行练习。

（2）在练习中强调支撑腿最后一步跨出的距离，使腿后摆充分伸展，膝关节放松。

（3）踢定位球时，确定支撑脚的支撑点，运用敲击的方式固定脚型。

二、脚背正面踢球

脚背正面踢球（又称正脚背踢球），其动作特点是摆幅相对较大，摆踢动作顺畅、快速以便于发力，适用于远距离的发球和大力射门。但出球路线或性能缺乏变化，其踢出球的性质多为不旋转的直线球，但也用来踢前旋球。脚背正面踢球在比赛中多用于踢定位球、反弹球、地滚球、空中球。

（一）脚背正面踢定位球

脚背正面踢定位球时，是运动员有目的地用脚背正面将球击向预定目标的技术动作。直线助跑，最后一步稍大并要积极着地，支撑脚在球的侧方约 10—12 厘米处，脚尖正对出球方向，膝关节微屈，踢球腿是在支撑脚前跨和助跑的最后一步蹬离地面时，顺势向后摆起，小腿弯曲。在支撑脚着地的同时，以髋关节为轴，大腿带动小腿由后向前摆，当膝盖摆至接近球正上方的刹那，小腿做爆发式前摆，脚背绷直，脚趾扣紧，以脚背的正面击球的后中部。踢球后，踢球腿顺势前摆落地（如图 2—2 所示）。

图 2—2

（二）脚背正面踢反弹球

脚背正面踢反弹球时，要准确地判断来球的落点、反弹的时间和角度，选好支撑脚的位置，在击球的刹那，踢球腿小腿加速前摆抢点击球，在球反弹离开地面时击球的后中部。

（三）脚背正面踢地滚球

脚背正面踢地滚球时，脚趾应对准出球的方向，击球部位应准确，以保证击球能发上力。同时对准速度较快的来球，要通过摆踢力量和方向的调整，消除其初速度对出球方向的影响。

（四）脚背正面踢空中球

脚背正面踢空中球时，支撑脚的选位要稍远，以使踢球腿能顺利地摆踢发力为原则，并根据来球的高度和出球的目的选用抽击、弹击或摆击等踢球方法。

（五）易犯错误

（1）支撑脚选位不当，影响摆踢发力和击球效果。

（2）击球刹那、脚型不稳，脚尖上挑，影响出球力量和方向。

（3）踢球腿摆踢路线不直，身体后仰，膝关节没有顺势上提，出球方向不正，将球踢高。

（六）纠正方法

（1）进行徒手模仿练习，在强调支撑脚位置的同时，采用分解动作和固定球进行体会动作的练习。

（2）在练习中固定脚型，稳固脚的击球部位，增大支撑腿最后一步跨出的距离，使后摆腿充分伸展，膝关节放松。

（3）强调用中等以下力量击球，控制击球点，运用敲击的方式固定脚型，使踢出的球低、平、直。

三、脚背内侧踢球

脚背内侧（又称内脚背）踢球的特点是摆踢动作顺畅、幅度大，脚触球面积大，出球平稳有力且性能和路线富于变化，适用于中远距离传球和射门。

（一）脚背内侧踢定位球

脚背内侧踢定位球是运动员有目的地用脚背内侧将球击向预定目标的技术动作，是用第三、四、五跖骨体接触球的一种踢球方法。斜线助跑，助跑方向和出球方向约成45度，支撑脚踏在球侧后，脚趾指向出球方向，膝关节微屈，重心稍倾向支撑脚一侧。在支撑脚踏地的同时，踢球腿以髋关节为轴，大腿带动小腿由外后向前内略呈弧线摆动，膝踝关节稍外旋，当膝关节摆至接近球体的内侧上方时，小腿加速前摆。击球时，膝关节向前顶送，脚背绷直，脚趾扣紧并斜下指，以脚背内侧击球的后中下部。击球后，踢球腿顺势前摆落地（如图2—3所示）。

图2—3

（二）脚背内侧踢地滚球

脚背内侧踢地滚球，要注意调整身体与出球方向的角度关系，以便踢球腿的摆踢发力。

（三）脚背内侧搓踢过顶球

脚背内侧搓踢过顶球，踢球时脚背略平，插入球的底部做搓踢动作，击球后脚不随球前摆。

（四）脚背内侧踢内弧线球

脚背内侧踢内弧线球时，击球点在球的后外侧，击球刹那，踝关节内旋发力，脚趾勾翘，使球内旋并呈弧线运行。

（五）易犯错误

（1）支撑脚选位不当，脚趾没对准出球方向，影响摆踢动作的完成。
（2）击球刹那，膝关节不向前顶送，而是顺势内拐，出球呈侧内旋。
（3）踢球腿后摆动作紧张，影响前摆速度，击球发力不足。
（4）支撑脚偏后，击球时身体后仰，出球偏高。

（六）纠正方法

（1）进行助跑后的模仿踢球练习，体会支撑脚的位置，注意身体的协调配合。
（2）在练习中，增大支撑腿最后一步跨出的距离，使后摆腿充分伸展，膝关节前顶，放松做随前动作。
（3）踢内弧线球时，强调触球的正确部位，踢球脚翘起向出球方向顺势前摆。

四、脚背外侧踢球

脚背外侧（又称外脚背）踢球时，脚腕的灵活性较大，摆腿方向变化较多并且在助跑时又是正常的跑动姿势，故其出球隐蔽性较强，在足球比赛中各种距离的弧线球及非弧线球均可使用。

（一）脚背外侧踢定位球

脚背外侧踢定位球是用第三、四、五跖骨体接触球的一种踢球方法，是运动员有目的地用脚背外侧将球击向预定目标的技术动作。预摆动作小、出脚快，能利用膝、踝关节的灵活变化改变出球方向和性质，具有一定的隐蔽性，是一种具有较强实用性的踢球技术，同时也是一种较难掌握的踢球技术。直线助跑，支撑脚踏在球侧，脚趾指向出球方向，膝关节微屈。在支撑脚前跨的同时，踢球腿的大腿顺势后摆，小腿后屈。前摆时，大腿以髋关节为轴带动小腿前摆，当膝关节摆至接近球体上方时，小腿加速前摆，脚背绷直，脚趾向内扣紧并斜下指，以脚背外侧击球的后中部。击球后，踢球腿顺势前摆落地（如图 2—4 所示）。

（二）脚背外侧踢地滚球

脚背外侧踢地滚球时，对踢球腿同侧的来球多用直线助跑，对异侧的来球多用斜线助跑，支撑脚要适当提前选位着地，其他动作则同踢定位球的技术动作一样。

图 2—4

（三）脚背外侧踢外弧线球

脚背外侧踢外弧线球时，支撑脚踏在球侧后方，踢球腿略呈弧形摆踢，作用力方向与出球方向约成 45 度，击球点在球内侧后部，脚型同踢定位球。击球后，踢球脚向支撑脚侧斜摆，以加大球的外旋力量。

（四）脚背外侧弹踢球

脚背外侧弹踢球是一种与以上各种方法均不同的踢球方法。其摆腿方法是以膝关节为轴的小腿爆发式弹摆为主，其摆动方向为前摆、侧前摆、侧摆，击球后踢球腿迅速收回。由于这种踢球方法的踢球腿摆幅较小，并且是以小腿摆动为主，故完成动作快而突然，并且隐蔽性强，多用于快速运球中的传球。

（五）易犯错误

（1）支撑脚选位不当，影响摆踢发力。

（2）摆腿时髋关节内转或直腿击球，击球发力不足。

（3）膝、踝关节旋内不够，影响击球的准确性和前摆速度，击球发力不足。

（4）击球刹那，脚型不稳，脚尖上翘，出球不稳。

（六）纠正方法

（1）进行模仿踢球练习，确定支撑脚的位置或结合固定球的练习注意体会触球点和脚的触球部位。

（2）在练习中，身体伸展，重心前移，使后摆腿充分伸展，强调击球后膝关节和踝关节固定。

（3）踢外弧线球时，强调触球的正确部位，踢球脚向前摆动时，脚尖向支撑脚一侧略微转动，膝关节前倾向支撑腿一侧内旋，并放松做随前动作。

五、脚尖踢球

（一）脚尖踢球

脚尖踢球是脚尖部位触及球的一种踢球方法。这一技术的特点是发挥踢球脚的最大长度，去踢距离身体较远的球（如图 2—5 所示）。

图 2—5

（二）易犯错误

（1）支撑脚选位不当，影响摆踢发力。
（2）摆腿时髋关节内转或直腿击球，击球发力不足。
（3）击球刹那，脚型不稳，出球不稳。

（三）纠正方法

（1）无球模仿练习，不触及球，主要练习技术动作。
（2）有球模仿练习，轻触球的重心部位，熟练技术动作。

六、脚后跟踢球

（一）脚后跟踢球

脚后跟踢球是利用脚后跟接触球的一种踢球方法。由于这种踢球的方法受到人体结构特点的限制，因而出球力量小，但由于球的轨迹向后，隐蔽性较强，在足球比赛中多用于短距离传球和交叉掩护配合（如图 2—6 所示）。

图 2—6

（二）易犯错误

（1）支撑脚做反关节动作，影响摆踢发力。

（2）击球刹那，脚型不稳，触球位置不准，出球不稳。

（三）纠正方法

（1）无球模仿练习，熟悉技术动作。

（2）有球模仿练习，轻击球的后中部。

七、头顶球技术

头顶球技术的种类主要以顶球时运用头的部位来区分，正确的部位只能是前额骨的正面和侧面。在每一种技术中，由于头顶球前的准备动作不同，又可分为原地和跳起，跳起时又可分为单脚起跳和双脚起跳。由于头顶球方向的不同，又可分为向前、向后和向两侧顶球。

（一）前额正面顶球

由于前额正面坚硬平坦，触球面积大，而且处于头的正前方和两眼上方，便于在顶球时观察来球的周围情况，使击球准确有力。

原地顶球时先选好站位，使身体正对来球方向，两脚前后开立，膝关节微屈，重心在后，两眼注视来球，判断好来球的速度，做好准备工作。两腿前后开立，腰部前挺、胸部上提、下颌平收、两臂自然张开，上体后倾、身体重心放在右脚上，顶球时后脚迅速蹬地，上体由后向前摆动，在即将触击球的刹那，两腿迅速用力蹬伸，以腰腹和颈部的快速摆动主动迎击来球。击球时，颈部肌肉保持紧张，两眼注视出球方向（如图 2—7 所示）。

图 2—7

（二）原地正面跳起头顶球

原地双脚跳起头顶球时，身体正对来球，两脚左右开立约 15—20 厘米，脚尖稍内转，膝关节微屈，上体稍前倾，两臂屈肘后伸，身体重心平均落在两脚上，两眼注视来球。起跳时，两臂由后向前上方振臂，同时弓身，提胸、收下颌、两脚积极用力蹬伸，在跳起上升的过程中挺胸展腹，两臂自然张开，两眼注视来球，当跳起最高点准备顶球时，身体成背弓，当球运行到身体垂直部位前的刹那，快速收腹，折体前摆并且甩头，用前额正面将球顶出，顶球后两腿自然屈膝、屈踝落地。

1. 单脚起跳头顶球

单脚起跳头顶球，可做 3—5 步助跑，在助跑过程中判断来球运行路线和起跳方向。起跳时，有利脚迅速蹬地，另一腿屈膝上摆，两臂自然上提，使身体向上跃起，成原地头顶球预备姿势。单脚起跳头顶球的动作要求与双脚跳起头顶球基本相同，顶球后双脚同时落地。

2. 鱼跃顶球

鱼跃顶球，在顶离身体较远的平直球时，为了争取时间射门或解救球门前的危机，可以运用鱼跃顶球的动作方法。

鱼跃顶球的动作方法是在判断好来球的路线和选择好顶球点后，以单脚或双脚蹬地，身体呈水平状态向前跃出，两臂微屈稍前伸，两眼注视来球，利用身体向前跃起的冲力，以前额骨正面顶球。顶球后身体成背弓形，两臂屈肘前伸，两手着地，接着胸部、腹部和大腿依次着地（如图 2—8 所示）。

（三）前额侧面顶球

前额侧面顶球的部位是前额的两侧。这个部位虽然坚硬，但不平坦，面积也小，又在两眼的侧前方，顶球时摆体用力方向又与来球方向不是迎面相遇，出球力量较小，故在击球时间、出球方向方面都难于额骨正面顶球。前额侧面顶球的优点是动作突然，能变换出球方向，特别是前锋队员在门前接边锋队员传出的中球进行射门时威力更大。

图 2—8

1. 原地侧面头顶球

顶球前与出球方向同侧腿向前跨出一步，两膝微屈，身体重心放在后脚上，上体和头稍向异侧倾斜并转体约 45 度，两眼斜视来球，两臂自然张开。顶球时，后脚蹬地，上体和头向出球方向迅速扭转，屈体甩头，在与出球方向同侧肩的前上方，用额骨侧面顶球（如图 2—9 所示）。

图 2—9

2. 跳起侧面头顶球

一般用单脚起跳，起跳动作与前额骨正面顶球的单脚起跳动作相同。在跳起上升的过程中，上体侧屈，侧对来球。在跳到最高点顶球时，急速转体、甩头，用额骨侧面将球顶出。顶球后，两膝微屈缓缓落地。

（四）易犯错误

（1）头顶球时闭眼或球与头接触的部位不对。

（2）头顶球时缩头、耸肩。

（3）跳起头顶球或跑动头顶球时，时间掌握不好。

（4）侧额顶球时容易顶在头的侧面。

（五）纠正方法

（1）闭眼是恐惧心理和条件反射所致，可以用球轻轻地触击顶球前额的部位，之后自抛体会顶球，感觉触球部位不对可反复练顶吊球。

（2）缩头是不敢主动迎击球，可多做无球练习，着重颈、腰、腿协调用力，之后用轻力量的抛球练习。

（3）多练顶挂在高空中的吊球，体会跳起时间。

（4）练习甩头顶球时，眼睛尽力往出球方向看，多练顶吊球，体会动作和击球部位。

第二节　停球的基本技术

停球技术是指有意识地将球停接下来，控制在自己的活动范围以内，以便更好地处理球。停球的方法以身体的不同部位可分为：脚掌停球、脚内侧停球、脚背外侧停球、脚背正面停球、大腿停球、胸部停球等。根据球的活动状态又可分为：停地滚球、停反弹球和停空中球。

运用停球技术最重要的目的是把来球控制下来，从而更有效地发动进攻。在争夺激烈、快速多变的比赛中，遇到难以应付的球或等待同伴跑到有利位置时都需要停球，通过停球可以使下面的比赛得以顺利进行。停球可分为擦边控制停球和缓冲控制停球两种方式。擦边控制的主要作用是让来球逆转停止，多用于控制地滚球；缓冲控制的目的在于减弱球的冲力，使球停止运行，处于自己的控制之下，一般多用于控制空中球。高水平球员在停球技术方面必须具备：能停来自不同角度和不同速度的球；能在对手压力下完成停球动作；在停球时，既能看到球场上的变化，又能注意到来球，并能把球控于完成下一个动作最有利的位置上。脚、大腿和胸部是停球时运用最频繁的身体部位。

一、脚掌停球

（一）脚掌停地滚球

支撑脚站在球的侧后方，膝关节微屈，脚尖正对球，同时停球脚提起，膝关节自然弯曲，脚尖翘起高过脚跟（脚跟离开地面且稍低于球），踝关节放松，用脚前掌触球的中上部（如图 2—10 所示）。

图 2—10

（二）脚掌停反弹球

脚掌停反弹球时，支撑脚踏在球落点的侧后方。当球着地的一刹那，用脚前掌对准球的反弹路线，触球的后上部。如需要把球停到身后时，在脚掌接触球的刹那，脚尖用稍大力压住球做回拉，并以支撑脚为轴快速转身。

（三）易犯错误

（1）停球脚抬起过高，用脚掌踩球，使球漏过或停球不稳。
（2）踝关节过于紧张，停球不稳。
（3）停反弹球时，落点和落地时间判断不准确，使球漏过。

（四）纠正方法

（1）有球模仿练习，熟悉技术动作，放松身体关节。
（2）做一抛一停练习，注重对球落点的判断。

二、脚内侧停球

（一）脚内侧停地滚球

支撑脚正对来球，膝关节微屈，同侧肩正对来球。接球腿提膝，大腿外展，脚尖微翘，脚底基本与地面平行，脚内侧正对来球并前迎，当脚内侧与球接触的一刹那迅速后撤，把球停在脚下。若需将球停在侧面时，支撑脚的脚尖应向同侧斜指，脚内侧与来球方向成一定角度触球，同时支撑脚提踵，以前脚掌为轴做适当转动，身体移动。当来球力量不大时，只需将脚提到一定的高度，并使脚内侧与地面形成锐角轻触球；也可在触球时用下切动作使球前进之力部分转变为旋转力，而将球停在脚下（如图 2—11 所示）。

图 2—11

（二）脚内侧停反弹球

根据来球的落点，身体及时移动到位，支撑脚与球落点的相对位置在球的侧前方，支撑腿的膝关节微屈，身体向接球后球运行的方向偏移。接球腿提起且小腿放松，脚尖微翘，脚内侧对着接球后球运行的方向并与地面成一锐角，当球落地反弹刚离地面时，大腿向接球后球运行的方向摆动，用脚内侧部位轻推球的中上部。用这种方法接球时，也可在触球时使球产生旋转以达到停球的目的，但应注意球的旋转并及时加以调整（如图 2—12 所示）。

（三）脚内侧停空中球

根据来球的速度与运行轨迹，身体及时移动到位。若为抛物线较小的平空球则应根据临场的实际情况选择适当高度的接球点，将接球腿抬起，使脚内侧对准来球路线，在脚与球接触前的刹那脚开始后撤。在脚后撤的过程中，用脚内侧接触球，把球控制在衔接下一个动作需要的位置中（如图 2—13 所示）。

图 2—12

图 2—13

（四）易犯错误

（1）踢球腿屈膝外展不充分，脚尖没有翘起。

（2）摆腿动作过分紧张，使摆速受到限制。

（3）在踢球腿前摆时膝关节伸直，形成直腿扫踢。

（4）踢球时上体向踢球腿一侧倾斜，脚掌内翻。

(五)纠正方法

（1）做无球模仿练习，动作技术连贯舒展，脚型正确。

（2）注意脚的后撤动作。

三、脚背外侧停球

(一)脚外侧停地滚球技术

停球脚稍提起，膝关节和脚内转，以脚外侧正对来球，在支撑脚的前侧接触球的侧后方（偏支撑脚的一侧）。接触球时，要向停球脚外侧轻拨，把球停在侧前方或侧方(如图 2—14 所示)。

图 2—14

(二)脚背外侧停反弹球技术

面对来球，支撑腿的膝关节微屈。停球脚在支撑脚前方稍提起，脚内翻，使停球腿的小腿与地面成一定角度，踝关节放松。当球刚反弹离地面时，用脚外侧触球的侧上部，把球停在体侧（如图 2—15 所示）。

(三)易犯错误

（1）停球脚型控制不好，使球距离身体过远。

（2）踝关节过于紧张，停球不稳。

（3）停反弹球时，落点和落地时间判断不准确，使球漏过。

图 2—15

（四）纠正方法

（1）无球模仿练习，熟悉技术动作，放松关节。

（2）做一抛一停练习，注重对球落点的判断。

（3）有球模仿练习，注意运用正确脚型。

四、脚背正面停球

（一）脚背正面停球

判断来球方向，身体重心放在支撑脚上，膝关节微屈；停球脚提起迎球，脚背正面对准来球。当脚与球接触前的刹那脚开始下撤，缓冲来球力量，使球落在体前需要的位置上（如图 2—16 所示）。

图 2—16

（二）易犯错误

（1）停球时，脚踝过于紧张，使球距离身体过远。

（2）球触及脚背正面的后上部，缓冲不了来球的力量。

（3）停球脚下撤太晚，球不能随着脚下撤。

（三）纠正方法

（1）身体放松，做无球模仿练习，动作伸展。
（2）做有球模仿练习，注意停球的时机。

五、大腿停球

大腿停球一般运用于弧度较大的高空下落球，或平行于大腿高度的来球。

（一）大腿停高空球技术

面对来球，停球腿的大腿抬起，以大腿中部对准下落的球，肌肉适当放松。在大腿与球接触前的刹那，大腿迅速后撤挡球，使球落于衔接下一动作的需要位置（如图 2—17 所示）。

图 2—17

（二）大腿停低平球技术

面对来球，停球腿以大腿中部对准来球，肌肉适当放松，屈膝稍前迎。当大腿与球接触前的刹那，大腿快速后撤挡球，使球落在衔接下一动作的位置上。

（三）易犯错误

（1）屈膝迎球时机不好，使球距离身体过远。
（2）大腿触球部位不准确。

（四）纠正方法

（1）大腿肌肉放松，做有球的模仿练习。

（2）练习大腿颠球，触球部位要准确。

六、胸部停球

胸部面积大、有弹性、位置高，能停高空球和空中平直球。

（一）收胸式停球技术

收胸式停球技术一般用来停胸部高度的平直球。准备停球时，面对来球，两脚前后开立，两臂自然张开，重心前移，挺胸迎球。当球运行到与胸部接触前的刹那，重心迅速后移，收胸、收腹挡住球以缓冲来球力量，把球停在身前。如果要把球停向身体左（右）侧时，则应在接触球前的刹那向左（右）侧转体，并用同侧胸部触球（如图 2—18 所示）。

图 2—18

（二）挺胸式停球技术

一般高于胸部的下落球可采用挺胸式停球技术。准备停球时，面对来球，收下颚，两臂自然张开，两脚前后开立，重心落在两脚之间，两膝微屈，在当球运行到与胸部接触前的刹那，两脚蹬地稍上挺，同时展腹，上体稍后仰并做挺胸动作，使球弹起改变运行路线，然后落于体前（如图 2—19 所示）。

（三）易犯错误

（1）停球时，球在空中的位置选择不准，未能用正确部位接触球。

（2）收胸停球时，收胸和收腹过晚，未能缓冲来球力量。

（3）没有收下颚。

图 2—19

（四）纠正方法

（1）做有球模仿练习，一抛一停练习，注意胸部触及球的位置。

（2）动作放松，收下颚。

七、腹部停球

（一）腹部停球技术

在快速跑动中遇到落地反弹较高的球时，为了争取时间不降低跑动速度，可用腹部停球。身体正对来球方向跑，在球落地反弹与腹部接触前，腹部主动前挺推球或上体前倾推压球，使球落在体前衔接下一个动作需要的位置上（如图 2—20 所示）。

图 2—20

（二）易犯错误

（1）对球的落地时间判断不准，停不到球。

（2）停球时，腹部没有主动前挺推球，影响跑动速度和衔接下一个动作。

（三）纠正方法

（1）注意停球的时机。

（2）注意停球时的速度和给球的力量以及身体重心位置的变换，以达到控制球和便于下一动作衔接的目的。

八、头部停球

（一）头部停球技术

当球弹起的高度超过头部并下落时，放松身体和脖子，用额头去触球，同时通过脖子的收缩来化解球的反弹力，头部停球之后要准备好用身体的其他部位控制好下落的球。再次触球同样要将球停到与脚有适当距离的地方（如图 2—21 所示）。

图 2—21

（二）易犯错误

（1）对球的下落时间判断不准，头顶触不到球。

（2）停球后，球距离身体过远。

（三）纠正方法

（1）一抛一停，注意判断好球的落点和停球的时机。

（2）停球时，力量适当减轻。

第三节　运球与过人技术

当今世界足球运动日益发展，对足球技战术的要求越来越高，各种技战术的完成都是在高速度、强对抗的情况下进行的。运球技术在足球运动中始终占有很重要的地位，它在比赛中可以变换进攻速度、掌握比赛节奏，在对方密集防守时，可以运用运球技术摆脱对手、强行突破、破门得分或造成对方犯规获得球点球的机会。

另外，运球突破防守可形成局部的以多打少的局面，突破对方的防线，打乱对方的阵型，寻找有利的空当射门得分。运球技术是突破密集防守的有效进攻手段之一，足球运动发展到现在，呈现出依靠进攻取得成功越来越难、破门得分的机会越来越少的现象，究其原因，各国球队本着“不输球”的原则参加比赛的倾向在近几届比赛中体现得越来越明显，表现在进球数量越来越少。因此，密集防守、伺机反击成为世界各国球队的主要打法，无论强队还是弱队，在面对不同对手、进行不同场次比赛时均采用这类打法，于是出现了“混凝土式”“链锁式”等防守。如何破密集防守成为各国球队最为头疼的问题，在寻找到的各种方法中，运球突破是最有效的手段之一。

在对方密集中路防守时，由于防守人数多，活动余地小，采取运球突破一旦成功就可以形成局部的以多打少的局面，撕开对方一点防线，造成对方进行补防时便为同伴创造了空当；另外，运球突破后，容易造成对方队员的犯规，为本队创造踢任意球或球点球的得分机会。因此，便出现“定位球”得分占进球得分比例越来越高的趋势。在现代足球发展越来越激烈、攻防质量越来越高的今天，运球技术成为各国球队取得成功的有效进攻手段。运球技术向着快速、简练、灵活、实用的方向发展。复杂、位移小的运球方法在现代足球比赛中越来越少见，除因个别战术需要外，队员均不采用这种运球方法。因为随着队员身体素质的提高，拼抢越来越激烈，机会稍纵即逝，如果不抓住有效的机会，进攻就会错失，给本队队员心理等方面造成压力。在比赛中，由于运球队员掌握着主动权，所以当机会出现时就要快速摆脱防守队员，尽量减少对方进行回防补位的机会。队员除具备熟练掌握各种运球技术外，还应具有自己的“绝活”，这样运用起来才能得心应手。所以现在的运球技术体现简单、实用的特点，而且又易抓住时机获得成功。在激烈对抗的情况下，运球技术的好坏直接影响个人和全队控制球的效果。节奏控制的好坏对一场比赛的胜负起着关键性的作用，而运球技术是控制比赛节奏的主要手段。有机会时，运动员可以快速运球逼近或突破防线；没有机会时，运动员可以放慢运球速度等待同伴接应，寻找机会进攻。将球掌握在自己脚下不被对手获得是足球比赛中最基本的原则，因此，运球技术的好坏是掌握比赛节奏、控制球的关键。

运球技术从狭义上来看，仅是指运球的方法，即指用身体的某一部分触球，使球能随运球者一起运动；从广义上来看，则不仅让球随人运动，还必须带球越过对方的防守，也就是说如何使用这些运球技术达到带球越过对方防守的目的，这里就包含了运球技术的运用问题。常用的运球技术有脚内侧、脚背正面、脚背外侧、脚背内侧运球。

一、运球技术

（一）脚内侧运球技术

脚内侧运球技术要求在运球前进时支撑脚始终领先于球，位于球的侧前方，肩部指向运球方向，支撑腿膝关节微屈，重心放在支撑腿上，另一条腿提起屈膝，用脚内侧推球前进，然后运球脚着地。由于肩部指向运球方向，身体侧转，虽然移动速度较慢，但身体前倾有利于将对方与球隔开，因此，这种技术多用在运球寻找队员配合传球时，或有对方阻拦需用身体做掩护时（如图 2—22 所示）。

图 2—22

（二）脚背正面运球技术

脚背正面运球时，身体持正常跑动姿势，上体稍前倾，步幅不宜过大，运球腿提起，膝关节稍屈，髋关节前送，提踵，脚尖下指，在着地前用脚背正面部位触球后中部将球推送前进。由于脚背正面运球时身体持正常跑动姿势，故可以发挥出较快的速度，因此，这种技术多用在运球前方一定距离内无对手阻拦时（如图 2—23 所示）。

（三）脚背外侧运球技术

脚背外侧运球时，身体持正常跑动姿势，上体稍前倾，步幅不宜过大，运球腿提起，膝关节稍屈，髋关节前送，提踵，脚尖绕矢状轴向内旋转，使脚背外侧正对运球方向，在运球脚落地前用脚背外侧推拨球的后中部。脚背外侧运球时，身体姿势与正常跑动时相同，因此，可以发挥出较快的速度，故与脚背正面运球有相同的用途。另外，利用脚

图 2—23

腕的动作可以很快改变脚背外侧面所正对的方向，故在运球脚一侧改变方向时也多采用这种运球技术。这种技术能用身体将对手与球隔开，故掩护时也常使用（如图 2—24 所示）。

图 2—24

（四）脚背内侧运球技术

脚背内侧运球时，身体稍侧转并自然协调放松，步幅小，上体前倾，运球腿提起外展，膝微屈外转，提踵，脚尖外转，使脚背内侧正对运球方向，在运球脚落地前用脚背内侧推拨球，使球随身体前进。脚背内侧运球由于身体稍侧转，不能采用正常跑动姿势，因此，不适用于高速运球；但由于接触部位和支撑位置的特点易于完成向支撑脚一侧的转动，故多用于向支撑脚一侧的转动变向运球。

二、过人技术

足球运球过人就是利用各种盘带技术进行晃动，摆脱防守自己的对方队员，进行传球或射门。

掌握了拨球、拉球、扣球、挑球等基本方法后，在无对手阻拦时，可以将球控制在自己的周围；但若遇对手阻挡时，要想越过对手的阻拦必须恰当地综合使用这些方法，抓住对手瞬间出现的漏洞，达到越过对手的目的。

（一）拨球技术

拨球技术，利用脚踝关节向侧方转动，用脚背内侧或脚背外侧触球，将球拨向身体的侧前方、侧方、侧后方。在过人时若使用拨球技术，还要在拨球后立即跟上推球，使球按预定方向运行。

（二）拉球技术

拉球技术，将前脚掌放在球的上部或侧上部，另一脚在球的侧后方支撑，然后触球脚向后下方用力将球拉回。

拉球一般都是在躲开或引诱对方出脚抢球的瞬间将球拉回，造成对方抢球落空，使其重心随抢球脚前移，趁对手难于返回的瞬间将球迅速推送出去越过防守者。拉球时，除了往回拉以外，也常使用接触球的上部向左右侧拉球。

（三）扣球技术

扣球技术，其与拨球技术不同的是它的用力是突然的，并伴随着突然转身或急停，使对手在来不及调整重心的瞬间，突然从反方向推送球越过对手的防守。

（四）挑球技术

挑球技术，用脚背部触球的下部并突然向上方挑起，在对手来不及实施挡球动作时球已越过，运球者随球迅速跟进。运用挑球技术时，要注意球一般不要挑得太高。

（五）颠球技术

颠球技术，在运球过程中，有时球在空中或地面上跳动，根据对手抢截时所处的位置或实施抢截的时间，用恰当的部位将球颠起，可达到越过对手的目的。

（六）运球假动作过人

运球假动作过人技术是运球者利用腿部、上体的晃动使对手产生错觉，在对手做抢球动作时，使其重心产生错误的移动，运球者则抓住时机从另一方向越过对手。

（七）人球分路过人

人球分路过人，这种方法主要是利用防守者的注意力集中在球上，并认为可以触到球的心理，达到过人的目的。因此，当防守者出脚抢球时，运球者抢先将球推（拨）到前方，而防守者的抢球脚未触到球着地时，身体重心也随之移动，这时运球者迅速从防守者的另一侧越过去控制球，防守者再转身起动很难追上。若在推球时使用“蹭”的方法，蹭出弧线球来，那就更有利于运球者越过防守者后控制球了。

（八）利用变换节奏运球过人

利用变换节奏运球过人，对手在持球者侧面，持球者用另一侧脚运球，利用运球速度的变化达到甩掉对手或越过对手的目的。这种技术主要针对防守者是被动的，容易被运球者甩掉。有时则采用突停、突起的方法甩掉对手，运球者必须能很好地控制球与自己的身体，做到球随人来、人随球走，才能达到过人的目的。

（九）踩单车

踩单车技术有很多球星都在使用，例如小罗、C 罗、夸雷斯马等大牌球星。踩单车主要是靠腿部的晃动来骗取防守队员的重心，然后突破过人或拉开空间制造射门机会。踩单车的动作很简单，就是将队员的脚从球的上方迈来迈去，双脚在球的四周快速地做绕圈假动作。队员可以做多次的踩单车，但要把握好次数。

（十）牛尾巴过人

牛尾巴过人最早是由巴西球员使用，将其发扬光大的是巴西传奇巨星小罗。牛尾巴过人是通过一次触球、两次变向来达到突破防守的目的。具体要领是利用脚的外脚背从球的底部，由内向外一拨，然后快速用内脚背将球反方向勾回，以此达到过人的目的。在使用此动作时，可以把身体重心带到你要突破的反方向，然后牛尾巴过人。

（十一）钟摆过人

钟摆过人技术，顾名思义，就是像钟摆一样摇晃过人，这种技术的代表人物是 C 罗。其动作的要领是先将左脚向左前方跨出一步，然后重心向左微倾，在用右脚向右前方迈出，同时重心向右倾。在此过程中不要碰球，动作完成后再突破防守。

（十二）马赛回旋

马赛回旋是一个脚法华丽而又实用的过人技术，马赛回旋的代表人物就是盘带大师齐达内。其动作的要领是主控脚柔和点一下球，然后身体随着重心改变顺势转身，另一支脚在转身的瞬间把球拉回再转身带球，整个动作需要一气呵成。

（十三）克鲁伊夫转身

克鲁伊夫转身是以荷兰巨星克鲁伊夫的名字命名的，这是他的招牌动作，也是一种实用的摆脱侧后方紧逼防守的运球过人动作。其动作要领是当有人在你的后方紧逼防守时，用惯用脚大幅度将球勾回，防守队员会以为你要向前速度突破，这时候就转身带球，记住动作要连贯。

（十四）虹过人

虹过人技术，进攻队员在行进中，双脚将球夹住，并跃起，将球从背后甩到空中，落在身前，球从头顶越过防守队员。

（十五）海豹式过人

海豹式过人指在足球运动中，用头部连续多次顶球的同时向前行进，并摆脱对方防守的一种技术。

（十六）马修斯假动作过人

以右脚内侧把球向左侧推拨，身体同时向左倾斜，做出攻击对方右侧的假象，在对手被欺骗重心向右移动时，右脚迅速移至球的左后方，用右脚外侧迅速将球向对方左侧推拨，然后向前运球突破对手。

（十七）布兰科蛙跳过人

布兰科蛙跳过人源于墨西哥“鬼才”中场布兰科，在世界杯对阵意大利的小组赛上，布兰科双脚夹球在赞布罗塔和马尔蒂尼中间穿过，顿时看呆所有人，而布兰科也经常使用这种略显诡异的带球过人方式。

第四节　防 守 技 术

在足球比赛中，进攻队员们那让人眼花缭乱的过人技术使他们赢得了球迷更多的喝彩和掌声，而防守队员在防守时往往是被动地阻止进攻队员的进攻，所以，许多人会错误地以为在足球比赛中防守没有什么技术含量。从足球界发展的历史来看，成名的前锋队员也远远多于后卫队员，但是这种现象的存在并不能否认在足球比赛中防守是攻防体系的基础，没有很好的防守根本就不可能组织起有效的进攻。

在防守技术中最重要的莫过于抢球技术，掌握了精湛的抢球技术不仅能够很好地干扰对方的进攻组织，也可以在断下对方的球后立即由守转攻，不仅可以破坏对方的防守，而且可以为本方组织进攻。

足球防守技术是指运动员在足球竞赛规则条件下，运用身体的有效部位合理完成各种动作方法的总称。防守技术是足球运动员进行比赛活动的基本手段和能力，是完成战术配合、决定战术质量的前提和保证。防守技术通常分为：断、堵、抢、争、铲五种，这些防守技术构成全队防守的基础。在比赛中运用防守技术，一是夺回对球的控制权，二是破坏对方对球的控制权。

一、断球

断球是最积极、最主动的防守技术，在比赛中实施断球，首先要预判对方运动员的传球目的、方向、路线，并判断出有无触球的可能性，选择最好的位置，进而判断出对方传球的速度和时间，决定出击的时机和判断球的落点。做出起动的瞬间，既能先触到球又能不失去有利的位置，在出击的瞬间抢到球。

二、逼抢

所谓的逼抢是指防守队员几乎能够触到被防守者，并且能够运用一个动作就可以直接阻止进攻队员控制球的防守方法。无论是个人防守还是集体防守，逼抢都是最重要的防守方式。逼抢有时候并不能直接将对方的球抢下来，但是由于逼抢队员的干扰，能够为本队其他队员的抢球创造良好的契机，造成进攻队员的失误。

在比赛中运用逼抢的时候，首先，要注意逼抢的区域和相互配合。从总体来说，越是远离自己的罚球区，越要注意集体的逼抢，因为这个时候，对手的站位也比较开阔，一个人的积极逼抢并不能很好地封锁住对方的传球路线，只有大家集体、有配合地形成逼抢体系，在本队队员逼抢对方带球队员的同时，队友逼抢接应队员才能很好的起到破坏对方进攻的目的。

其次，在逼抢的时候要注意逼抢的距离，逼抢的距离一般应离对手 1—1.5 米为宜。这样既能随时截断对方的传球，又能在对方转身突破时处于领先的位置。当然，在逼抢的时候还要充分考虑对手的速度和技术水平，如果防守队员的速度要快于对方的前锋，则可以近距离逼抢；如果防守队员的速度没有对方快，则应保持一定的距离，注意封堵对方的传球路线以防对方突破后无法回追；如果对方的技术很好，但是速度很慢，则可以贴身紧逼对方，伺机破坏对方的接球；如果对方的技术比较差，则可以离对方较远，把逼抢的重点放在对方接球之后的动作运用上。

三、捅球

防守队员在抢不到球的时候，应利用一切机会用脚捅球来破坏持球队员运球，给同伴创造抢截的机会，以达到延缓和阻拦对方进攻的目的。

四、抢球技术

（一）正面抢球

在对方带球队员迎面而来时，可采用这种抢球方法。两脚前后稍开立，两膝微屈，身体重心下降，并平均落在两脚上，面向对手。当对方的脚触球即将着地或刚刚着地时，立即抢球。抢球脚的脚弓对正球，并跨出一步，膝关节弯曲，上体前倾，身体重心移至抢球脚上。若对方已有准备，则在双方脚同时触球时，脚触球后要顺势向上提拉，使球从对方脚背滚过，身体迅速跟上，把球控制住（如图 2—25 所示）。

图 2—25

（二）侧面抢球

当防守队员与带球队员并肩跑动或二人争夺迎面来球时，双方都可采用这种抢球方法。当与对方平行跑动争球时，身体重心要降低，两臂贴紧身体。在对方靠近自己时，可用肩和上臂做合理的冲撞动作，使对方身体失去平衡，从而把球抢过来（如图 2—26 所示）。

图 2—26

（三）背面抢球

这是抢球技术中较困难的一种，一般是在用其他技术抢不到球时才运用背面抢球技术。背面抢球技术有两种：一种是脚掌抢球，另一种是脚尖或脚背抢球。

五、封堵技术

当对球失去控制转入防守的瞬间，为了发动快速反击赢得防守时间，封堵是常用的一种延缓对方进攻节奏的手段。封堵又分为正面封堵和背身封堵两种。

（一）正面封堵

为了控制对方快攻的节奏为本队赢得回防时间，此时，靠近带球进攻队员的防守者要选好位置和角度，既要防止两名进攻者采用“二过一”的传切配合突破，又要防守持球者突然带球向前突破。

正面封堵既能封堵内线，迫使对手走边，不让其突进到门前；又能封堵外线，迫使对手走中路，抑制对手擅长的边路进攻。封堵进攻方向、路线，迫使对手横向转移或者回传球。

（二）背身封堵

主要用于阻止对方队员转身面向进攻方向，减少进攻的威胁性。

六、铲球技术

现代足球比赛中的铲球技术已被广泛运用在防守技术上，该技术同时也被运用到进攻技术中。铲球是一种难度较大的技术动作，在比赛中主要有：正面铲球、异侧脚铲球、同侧脚铲球三种较常见的技术动作。

（一）正面铲球

移动接近控球者，膝关节微屈，重心下降，当控球者的触球脚在触球后且尚未落地时，抢球者双脚沿地面向球滑铲，随即用手扶地做向一侧的翻滚，并尽快起身（如图2—27所示）。

图 2—27

（二）异侧脚铲球

当双方都不能用正常的动作触球时（指跑动中），防守者应根据与球的距离，用同侧脚用力蹬地使身体跃出，异侧脚向前沿地面对着球滑出，脚底将球铲出，然后小腿外侧、大腿外侧、手依此着地；或铲出球后身体向铲球腿一侧翻转，手撑地后立即起身，使身体恢复到与下一动作衔接的状态和位置。

（三）同侧脚铲球

防守者在跑动中根据双方离球的距离做出判断，与对手双方都不能立即触球时，用异侧脚用力蹬地使身体向前方跃出，同侧脚沿地面向前滑出的同时向外摆踢（脚踝应有向外的动作），用脚背外侧将球踢出，也可用脚尖将球捅出，接着向对手一侧翻转，手撑地迅速恢复到下一动作所需要的位置。在激烈的比赛中，由于铲球可以最大限度地争取时间和扩大控制面，因此，被广泛地运用到足球技术中。

第五节　假动作与摆脱

一、假动作

足球场上的假动作是可以多种多样、千变万化的。在足球场上，利用假动作过人的精髓和最根本的道理就是利用假动作晃开防守队员的重心，然后展开进攻。假动作的实际就是让对手以为你要干什么，对手基于这种判断移动了自己的重心，而控球队员却没有按照对手的想法处理球，这就是假动作。例如：身体向右边倾斜，当所有人都以为控球队员要从右边过人时，他却突然从左边过去，以达到出其不意的效果。

假动作并不是一种一成不变的技术动作，做假动作要根据场上的形势特点和自己的技术擅长来合理控球，其核心思想就是要转移对方的重心和注意力。

通过对假动作与摆脱技术的学习，不仅可以提高运动员的速度、耐力、变速跑和身体的协调能力、灵活性等身体素质，还可以培养运动员的判断能力、决策力、创造力以及拼搏竞争的精神。

假动作的形式有很多种，通常可分为有球和无球假动作两类。无球假动作分为：变速跑假动作、变向跑假动作和抢截假动作。除此之外，还有停球假动作和运球过人假动作。

（一）无球假动作

无球假动作，指队员在无球的情况下为了摆脱防守队员的紧逼，利用假动作摆脱盯防自己的队员，跑到有利位置接球或者利用假动作去抢截持球队员的球。

（1）变速跑假动作，指利用速度的变化或者突然起动来摆脱对方，如先慢跑诱惑对方，使对方的速度变慢，然后突然加速；或在静立中突然起动摆脱对方的防守至有利的位置接球，以达到摆脱对方防守的目的。

（2）变向跑假动作，指运动员根据攻防需要，有意识地调整、改变自己的行动方向，变向跑假动作则是在突破对方阻截防守时运用，目的是摆脱和甩掉对方。

（3）抢截假动作，作为防守者，当对手运球向自己跑来时，如果防守者能调动进攻者，就可以变被动为主动，而抢截假动作就是达到此目的的一种手段。如先使用假动作去堵截某一方向，使进攻者不敢从这一方向出球或运球，而从另一方向出球或运球，但这一方向却正是抢截真动作实施的方向，此时就可以将球截获。

（二）有球假动作

（1）传球前假动作，如传球前为了使封堵传球路线的对手闪开空当，可先向一方做假动作，当对手去封堵假动作的传球路线时，突然改变踢球脚法将球从另一方向传出。

（2）接球前假动作，如对手在体侧紧逼的情况下，可先向一侧做假接球动作，当对手重心发生不适当的偏移时，则突然改变向另一侧接球。

（三）运球过人假动作

（1）运球过人时的虚晃假动作，如控球过人时，对手逼得较紧，可向一侧用身体或腿部做虚晃动作（或是身体与腿部同时并用）诱使对手跟随运球虚晃动作发生重心的偏移，然后迅速用另一侧脚背外侧向同侧拨球，并转身运球越过对手。

（2）用减速或停顿的假动作，再突然起动的方法越过对手。快速运球时，对手在自己一侧紧追不舍，待与自己跑至同一水平线时，做一个减速或停顿的假动作，使对手产生错觉，当对手也减速或停顿时突然加速推球向前甩掉对手。

（3）当对手在侧后追抢时，运球者用异侧脚向前从球上跨过，诱使对手堵抢，然后用同一脚的脚背外侧将球向另一侧扣回（或用另一脚的脚背内侧将球扣回）甩掉对手。

（四）停球假动作

运动员在停球前，先做向一侧停球的假动作，然后突然变换停球的方向摆脱对方，做假动作时必须要突然、快速。假动作不能做的过早，否则会被对方识破；也可做假踢真停的假动作摆脱对方。

二、摆脱

足球技术有很多种，随着人们对足球运动的了解，运动员对足球技术掌握的水平也越来越高了，想要拥有好的足球技术，就要多多练习足球，尤其是在足球运动中运用急停和转身的摆脱技巧。

比赛中进攻和防守的不断变换，使球的位置也随时变化。为了摆脱对手，需要队员有时在高速度的奔跑中突然停止跑动，并在突然停止跑动后立即转身或原地转身改变移动方向。

在足球比赛中，运动员的急停和转身动作可分正面急停、转身急停、前转身和后转身。

（一）正面急停

正面急停时，身体重心下降并快速后移，上体稍前屈，一脚向前迈出并以脚全掌着地用力前蹬，使上体成后倾，制动身体前冲，另一腿微屈稍后开立支撑身体的平衡，停止跑动。

（二）转身急停

转身急停时，身体重心下降，上体稍前屈并快速向转身方向扭转、倾斜，重心移向转身方向的同侧腿并屈膝外转，脚掌外侧蹬地，脚尖指向转身方向，异侧腿迅速前迈。脚掌内侧积极着地并蹬地，使整个身体成内倾，制动身体前冲，停止跑动。

（三）前转身

前转身时，两膝微屈，重心移向转身方向的同侧脚，上体向转身方向倾斜，扭转和异侧脚前脚掌用力蹬地的同时，身体快速转动，蹬地脚随之向前一步。

（四）后转身

后转身时，转身方向的异侧脚蹬地，重心后移，在身体开始向后转动的同时，另一脚抬起外转并向后迈出，脚尖向后，身体转向后方。

第六节　守门员技术

守门员这个位置是足球比赛场上一个比较特殊的位置，守门员是在场上的队员中把守最后一道防线的人，也是唯一一个可以用手来接触球的队员。对足球有一定了解的人都会知道，守门员的最大职责就是通过扑救来封堵对方的射门，当然这是其最重要的职责，但是，守门员在足球场上还有一些其他的任务，同样对于整支队伍也是相当重要的。守门员在本方进行防守的时候，需要对防守的阵型进行控制和提醒。

守门员作为场上最后一道防线的防守队员，由于其位置的特殊性，其对进攻方的进攻阵型和防守队形要比别人看得清楚。由于对方的进攻可能会扰乱本方的防守队形，此时，守门员要及时地大声叫喊，让本方的防守队员保持住很好的防守队形，不至于被对方轻易地突破，守门员在得球后快速发动反击。进攻方的进攻在很多情况下是以球被守门员“没收”为结束，此时，进攻方的阵型一定是压的比较靠前，这也正是其防守比较薄弱的时候。守门员在得球的第一时间一定要向前看，看对方是否有队员已经提前压上，本方是否有打反击的机会，如果有反击机会，守门员应该马上通过脚踢球或者手抛球来发动反击。

守门员的有球技术包括接球、扑球、拳击球、托球和发球等。

一、守门员的技术

（一）接球

接球是守门员最主要的技术，它包括接地滚球、平空球和高空球。

1. 接地滚球

分为直腿式和跪撑式两种。直腿式：两腿自然并立，脚尖正对来球，上体前屈，两臂并肘前迎，两手小指靠近，手掌对球。手触球的刹那随球后引屈肘、屈腕，两臂靠近将球抱于胸前。跪撑式：多用于向侧移步接球。接左侧球时，左腿屈，右腿跪撑于左脚附近，距离不得超过球的直径，其余动作与直腿式接球相同。接右侧球时，动作相同，方向相反（如图 2—28 所示）。

图 2—28

2. 接平空球

指接膝以上、胸以下的空中球。面对来球，接球时两手掌心向上，两手小指相靠，前迎接球。上体前屈，当手触球时两臂向后撤缓冲来球，将球抱于胸前。

3. 接高空球

面对来球，接球时两臂上伸，两手拇指相对呈八字形，其余四指微屈，手掌对球。在最高点手触球瞬间，手指、手腕适当用力，缓冲来球并将球接住，顺势转腕屈肘、下引，将球抱于胸前（如图 2—29 所示）。

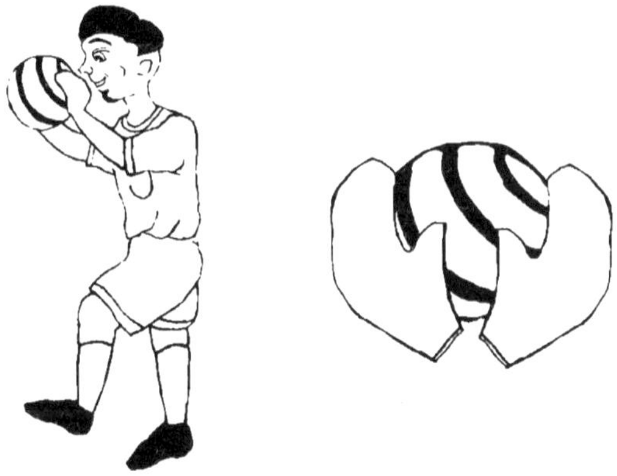

图 2—29

（二）击、托球

守门员在与一个或多个对手争抢空间或自己身体失去平衡时，运用拳击球。

1. 拳击球

准确判断来球运行路线后，身体及时移动到位，握紧拳，在接近球的刹那迅速出拳击球。拳击球有单、双拳击球，单拳击球动作灵活，摆动幅度大，击球力量大；双拳击球接触球面积大，准确性高。

2. 托球

准确判断来球运行路线后，向后跃起托球。托球时手指微张，手掌向外翻转，用手掌前部触球的下部，使球改变运行轨迹，并呈弧线越过球门横梁。

3. 易犯错误

（1）托球时，手触球部位不对。

（2）托球用力方向不对。

（3）拳击球时，击球力量过小。

4. 纠正方法

（1）自己抛球，练习托球，注意用手掌前部触球。

（2）强调用手掌前部触球，向后上方用力。

（3）手臂收回，击球时动作快，摆动幅度大，击球就有利。

（三）扑接球

1. 扑侧面球

异侧脚用力蹬地，双手快速向侧面伸出，一手置于球后，另一侧手置于球的侧后上方。同时身体向同侧脚方向倒地，落地时以小腿、大腿、臀、肘外侧依次着地，落地后抱球团身（如图 2—30 所示）。

图 2—30

2. 扑平空球

近侧脚用力蹬地使身体跃起，身体在空中伸展，手指用力抓住球，接球后以手、肘、肩、上体、臀、腿外侧依次着地并迅速团身。

3. 易犯错误

（1）扑侧面球时，手型不对，接不住球。

（2）扑侧面固定球时，接球后没有注意手型。

（3）扑球时落地顺序不对。

（4）扑球时有恐惧心理，不敢做动作。

4. 纠正方法

（1）倒地持球体会接球手型。

（2）无球做侧扑，运用正确的手型。

（3）手持球原地练习倒地，体会落地顺序。

（4）教练员讲解动作要领，做思想工作。

（四）发球

1. 单手肩上掷球

两脚前后开立，两膝弯曲，单手持球，屈臂于肩上。掷球时，持球手臂后引，同时身体随之侧转，重心移到后脚上，后脚向后蹬地，用转体和挥臂、甩腕的力量将球掷向预定的目标（如图 2—31 所示）。

图 2—31

2. 侧身勾手掷球

两脚前后开立，身体侧对出球方向，单手持球后引，臂微屈，同时身体重心移到后脚上。掷球时，后脚用力向后蹬地，同时转体，重心由后脚移向前脚。当持球手臂由后经体侧沿弧线摆至肩上时，手指和手腕用力将球掷向预定的目标。

（五）脚踢球

1. 踢空中球

将球置于体前，在球自由下落过程中踢球。它多用于远距离或雨天场地泥泞时踢球。

2. 踢反弹球

体前抛球，球落地后反弹起来的瞬间将球踢出。它比踢空中球准确性要高，速度较快，出球弧度低，隐蔽性强。

这两种踢球的动作与脚背正面踢球基本相同，但由于要求踢得远，所以守门员都是向前上方踢。

二、守门员的战术

守门员的战术与其身体素质和心理状态都有密切的联系，同全队的整体攻防战术计划也是息息相关的。守门员的战术内容包括选择位置、判断与移动、控制罚球区、组织防守、发动进攻等方面。

（一）选择位置

守门员选择合理的位置有助于弥补技术上的缺陷，更有利于扩大防守范围，增强防守能力，减少失误和不必要的扑救。

1. 选位的基本方法

守门员在选择位置的时候，应当遵守角平分线站位原则，即守门员应当站在球与两球门柱所构成的夹角的角平分线上。

2. 球在不同区域的选位

（1）球在对方半场时，守门员的位置应当在罚球点附近，并且与后卫线保持适当的距离，不能过远；同时，注意观察比赛的进展。

（2）球在中场时，守门员的位置应当在球门线与罚球点之间，密切注意球的发展方向，随时选择位置准备出击。

（3）球在本方半场距球门 30 米左右时，守门员应当在球与两球门柱夹角的角平分线上，距球门线 2—5 米的位置上，并随时准备出击。

（4）球在罚球区前沿附近时，守门员应在球门线上或 1—1.5 米处，注意力要高度集中，防止对方突然射门。

（二）判断与移动

1. 判断自身位置

守门员在比赛中不仅要知道球的位置、发展方向，更重要的是要知道自己所处的位置以及在移动中自己同球、球门的相对位置，要形成良好的空间位置感。守门员可以采用两种方法：第一，在罚球点至球门线的中点划一条连线来判断自身位置；第二，利用罚球区线、罚球点、球门线来判断自己距球门的远近及左右偏差。

2. 判断球的发展方向

在对方控球组织进攻时，守门员应时刻注意控球队员的动向，判断对方是否要传球或射门，同时要观察对方无球队员的跑动，确定球有可能的发展方向。在对方把球踢出以前，守门员切记不能盲目采取行动。守门员应当在对球的飞行路线、飞行速度、飞行轨迹做出判断之后，才能做出正确的决策和行动。

3. 判断球的性能和方向

守门员通过对方踢球的方法、助跑的方向、身体的姿势等方面，判断球是否旋转，是高是低及大致的飞行方向。一旦判断好球的飞行路线、飞行速度、飞行轨迹以后，尽早做出出击或是原地不动的决策。

（三）控制罚球区

守门员在比赛中应当充分利用自己在罚球区可以用手触球的优势，扩大活动范围，控制罚球区的地面与空间。这种形式主要表现在果断、及时、准确的出击能力上。守门员的出击不仅能够减轻后卫线的压力，而且能够更好地制止或瓦解对方的攻势，增强本队队员的自信心。

1. 出击单刀球

当防线被突破以后，守门员应当立即做出是否出击的决策，出击的时机是当对方突破防线，球离开身体或者当对方运球脚推离球的瞬间，果断采取行动，利用身体横向倒地侧扑技术，封堵对方射门。

2. 出击传球

守门员控制罚球区最主要的一个方面就是截获或破坏对方的传球。首先，守门员要对对方进攻的方向、球的发展方向做出推测与判断；其次，判断球的飞行方向、路线和旋转方向；再次，选择截击点；最后，采取行动。

（四）组织防守

由于守门员位于全队防守的最后一道防线位置，便于全面观察场上的比赛形势以及球门前同伴的防守位置，队形的薄弱之处。因此，守门员对于组织后卫线的防守以及安排队员盯人起着指挥的作用。守门员的组织防守主要包括组织防守队形、提醒队员、指挥定位球防守。

1. 组织防守队形

在比赛中，守门员指挥后卫线防守的队形以及根据对方进攻的路线合理布置阵型，同后卫线保持适当的距离，防止与后卫线的脱节。

2. 提醒队员

在比赛中，守门员要利用呼叫来提醒队员补防本方出现的漏洞，盯紧对方的核心队员，并且及时提醒本方队员对对方无球队员的防守；当守门员出击时要及时呼叫，以避免同本方的队员相撞；当对方的进攻被瓦解后要及时呼叫同伴将其压出禁区。守门员的呼叫要洪亮有力、清楚明确，使同伴明白，使对方害怕。

3. 指挥定位球防守

在比赛中，定位球对比赛的胜负起重要作用，往往由于定位球防守失败导致对方进球。因此，守门员要负责人墙的指挥，包括排人墙的人数、方向，确定人墙第一人的位置，同时还要指挥对其他队员的防守。在对角球和掷界外球的防守时，守门员要指挥队员对近端射门的防守以及禁区内的防守。

（五）发动进攻

守门员在截获对方的来球后，应根据场上的形势决定是否立即发动进攻或者控制比赛的节奏（在规则允许的时间内）。守门员接球后，首先，观察远端自己同伴的位置是否有利于快速反击，对方背后是否有空当，可以采用大力踢球传给远端的队员；其次，向对方进攻的反方向发球；最后，如果没有机会，应当用手抛球给自己的同伴，控制比赛节奏。

第三章　足球的基本战术

本章内容

足球战术是指在足球比赛中，为了战胜对方，根据主客观情况所采取的个人行动和集体配合的方法总称。在足球战术中，战术一词是借用军事的术语，“战”可以理解为比赛，“术”可以理解为方法、方式、行动、动作。

足球比赛是由攻和守这对矛盾组成的，攻和守不断地变换组成了比赛的全过程。因此，足球战术可分为进攻战术和防守战术两大系统，其中又分别包含着个人战术和集体战术两类。比赛的实践已证明：成功地组织战术和巧妙地运用战术是夺取比赛胜利的重要因素，做到扬长避短才能克敌制胜。

第一节　进攻战术

进攻战术是指在比赛中，为了战胜对手所采取的个人进攻行动和集体配合方法。在比赛中，当本队队员获得球的瞬间，进攻就开始了。进攻应遵循宽度、渗透、灵活、应变等原则。

一、进攻战术的原则

（一）宽度

当进攻方获得球的同时，除了距球最近的两三名队员适当拉开接应距离之外，其他队员应尽快充分利用场地的宽度，将防守方的防线距离尽量拉开，使其个体防守面积增大、“补位困难”，为进攻创造更多的时间和空间，在局部区域形成以多打少的有利局面，更容易突破对方防线。尽快充分拉开距离，还有利于面向全场进行观察，并不失时机地运用传、切、突破、包抄完成战术目的。

（二）渗透

在横向拉开、左右扯动的基础上，要从外线转入内线，突破防线的关键在于纵向的渗透。要善于抓住时机，快速起动，敢于向防守队员的身后空当突破、传球、切入。直接面对球门，才能给防守队员造成破门的威胁。

（三）灵活

防守是被动行为，进攻是主动行为。足球比赛场上的情况千变万化，绝对一样的片断几乎没有。刻板、教条的战术打法在比赛中很难奏效，灵活的原则要求进攻方通过积极主动、机动灵活的有球和无球活动，不断改变进攻的节奏、方向、位置、区域、距离、高度等使防守顾此失彼，防不胜防。

（四）应变

进攻到最关键时刻，特别是射门的一刹那，往往都是在时间很短、空间很小的激烈对抗中完成的。应变的原则要求在射门瞬间，在几十个因素和可能中，用最短的时间随机应变地筛选出最佳行为、动作破门得分。这一原则对运动员的技战术能力，思维、反应速度，比赛经验和足球悟性提出较高的要求。

（五）创造力与随机应变

在防守时，我们强调要有耐心并遵守纪律，但是在进攻时，更需要的是运动员的临场发挥及创意，根据球场上的情况随机应变才能出奇制胜。

二、现代足球战术的发展趋势

攻防战术一体化是当前战术全面发展的一个特征。随着锋卫队员机械分工的消失，在比赛中阵型分布灵活多变，在攻防转换的同时也是全队战术运用转换的开始。

（一）位置的机械分工消失

由于20世纪70年代全攻全守战术打法快速发展，现代足球更加需要全面化的队员，全面化的队员必须在技术、意识、身体素质和心理素质等诸多方面获得全面发展，并根据比赛的客观情况，出色地、有创造性地完成比赛任务。虽然在比赛中的位置分工还客观存在，但在比赛中队员跑位灵活，跑动面积扩大，后卫也插上了助攻，前锋退居球门前防守，在如今比赛中这种位置分工已屡见不鲜。因而，单一的锋位机械分工已逐渐消失，单一战术特点的运动员难以生存。

（二）球星的作用与集体融为一体

足球运动造就了球星，而球星推动了足球运动的发展。因此，球星的作用不是在减弱，而是在加强。现今球星的特点：一是球星是建立在集体力量基础上的，与集体融为一体；二是球星的技术更为简练、实用。而过去那种为了取悦观众的球星个人表演的时代已经结束。

（三）整体攻守速度日益加快

对抗是足球运动的基本规律，如何利用这个规律和驾驭这个规律呢？无疑，快速是应对对抗日趋激烈的重要手段之一。因为这样可以在进攻中减少身体的直接接触，争取更多的自由时间而取得主动权；在防守中可以有效地限制对方，增加直接对抗或干扰的次数，限制对方的自由权，使自己立于不败之地。

（四）攻守对抗日趋激烈

众所周知，足球运动的基本规律是集体的攻守对抗。随着足球运动员技战术和身体素质训练水平的发展，特别是不同阵型的运用，攻守间的对抗较冲击阶段更为激烈。但由于队员在球场上的分工，即各司其职，各负其责，尽管对抗的激烈程度大于冲击阶段，但也只是局限于局部位置上的对抗。全面化足球战术在世界的兴起，目前还仅仅是开始阶段，而且发展也不平衡，但已显露出无限的生命力。由于运动员技战术水平的发展和体能的增强，不论采用何种阵型，攻守对抗已呈现出全场、全面的对抗局面，较之冲击阶段球在起、落点处的对抗，以及分工阶段限于攻守位置上的对抗要激烈得多，而且会日趋激烈。

（五）即兴发挥

即兴发挥是指足球运动员根据球场上瞬息万变的环境及突发情况，灵活机制地采取应急措施，打破原有的技术动作限制，达到预期目的。

三、二过一配合的基本形式

二过一配合是指两名队员通过相互间的传球和无球跑位突破一名防守队员的进攻的配合方法。二过一的基本配合形式有传切配合二过一、撞墙式二过一、回传反切二过一、交叉掩护二过一等。

（一）斜传直插二过一

斜传直插二过一指的是队员斜传直插配合，进攻队员做斜传，直接插到对方的身后空当接球，接应队员直线跑动接球，突破对方的防守。在比赛中，任何位置、任何区域都可运用此种配合方法（如图 3—1 所示）。

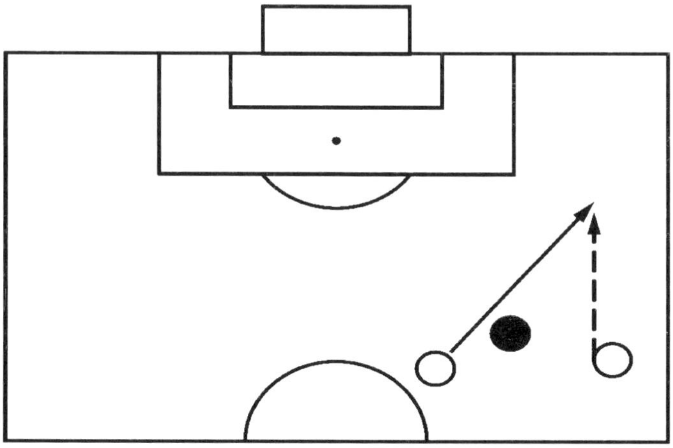

图 3—1

（二）直传斜插二过一

直传斜插二过一指的是队员直传斜插配合，进攻队员做直传，接应队员斜线跑动，直接插到对方的身后空当接球，突破对方的防守（如图 3—2 所示）。

（三）撞墙式二过一

撞墙式二过一指的是两名队员通过两次不停顿的传切配合，传球过一名防守队员的配合方法（如图 3—3 所示）。

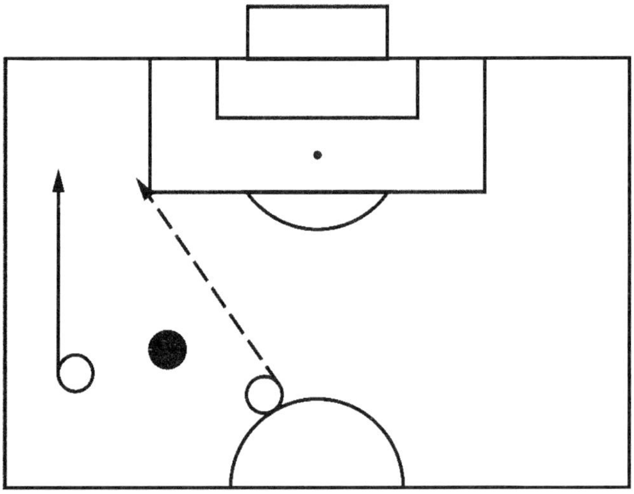

图 3—2

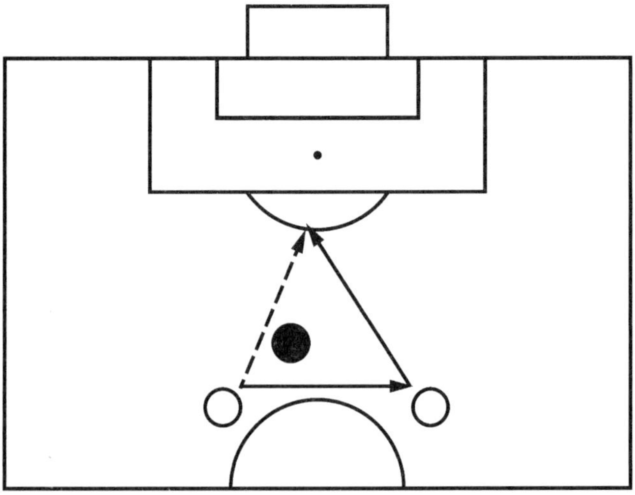

图 3—3

撞墙式二过一对持球者的要求如下：

（1）持球队员带球靠近防守队员，把防守队员吸引到自己身边 2—3 米的距离。

（2）以地滚球的方式将球传给助攻队员，在传球后立即快速插上，准备接应回传球。

（3）"撞墙队员"在控球队员带球逼近防守队员的时候，应突然摆脱防守队员与持球队员形成三角形位置，并侧对进攻方向以利于观察传球的路线，当球来时应一脚出球，力量适当，传球到位，以地滚球为最佳。

（4）传球后立即跑位，寻找再次进攻配合的有利位置。

（四）回传反切二过一

回传反切二过一指的是两名队员通过三次传球组成的配合方法，摆脱对方队员的防守（如图 3—4 所示）。

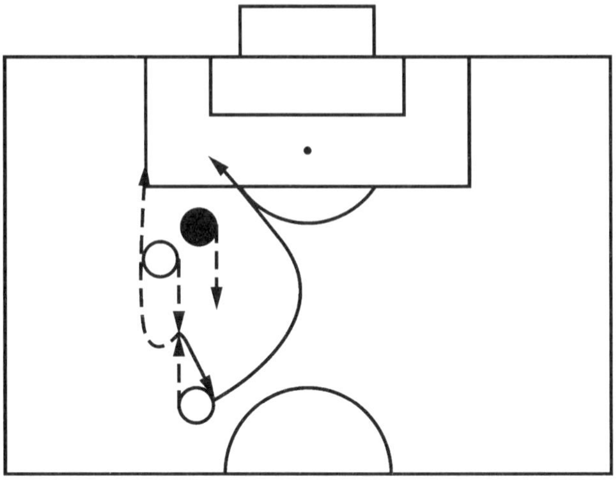

图 3—4

回传反切二过一对持球队员的要求如下：

（1）持球队员应距接应球队员 8—10 米处传球。

（2）持球队员应在传球之后反插到防守队员的身后，接到回传球后立即将球传到防守队员身后的空当，传球要到位，力量要适当。

（3）对于接应的反插队员来说，他才是这次二过一战术的最终带球突破者。

（4）回传球后，迅速转身，插向防守队员身后的空当。

（五）交叉掩护二过一

交叉掩护二过一指的是两名进攻队员通过运球时身体与身体之间的掩护，越过一名防守队员的配合方法（如图 3—5 所示）。

交叉掩护二过一对持球队员的要求如下：

（1）用远离防守队员的脚带球，将身体置于球与对手之间保护球。这样除了可以用身体很好地保护球之外，还可以为同伴创造出跑位的时间和空间，为同伴的接应创造好的机会。

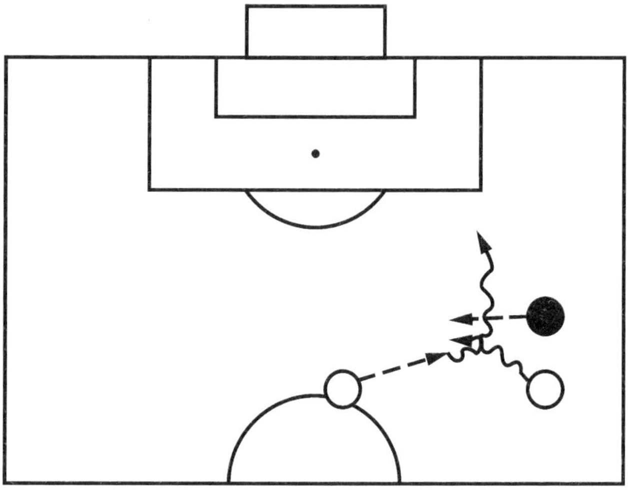

图 3—5

（2）与同伴交接球时可以做出运球的假动作而不触及足球，其最终目的还是将对方的防守队员骗离防守位置，为同伴的突破创造机会。

（3）完成配合后要继续跑位进攻。

四、常见的进攻打法

常见的进攻方式有：外围传中、边路传中、下底回扣传中、两肋楔进传切配合等。

（一）外围传中

指在与球门线平行的罚球区线以外的边路进行传中。有两种情况可采用外围传中：一种情况是对方来不及组织防守，与进攻队员同时面向球门跑动时，应在外围及时传中创造中路射门的机会；另一种情况是边路进攻受阻，中路有头球较好的高大中锋，可在外围传中利用中锋头球摆渡制造射门机会。

（二）边路传中

指在平行边线的罚球区线外侧的边路进行传中。这种情况是对方已在罚球区前沿组织好防线，利用边路突破横向扯动对方的防线，利用边路传中制造射门机会。

（三）下底回扣传中

指边路突破后沿球门线切进罚球区内，在中卫封堵之前采用低平球回扣传中，中路抢点射门。

（四）两肋楔进传切配合射门

指从罚球区前角，由边路走内线或由中路分球到边路时，从边后卫与中后卫结合部位楔进去，与中锋和前卫传切配合，突破后直接射门。遇到拖后中卫封堵时可用隐蔽性回传球，创造绝好的射门机会。

（五）阵地进攻

当守方的队员都退回到自己的半场且占据防守位置时，攻方的进攻则成为阵地进攻。阵地进攻的主要特点是守方没有大的空当，攻防人数基本平衡。因此，要求进攻队员用不断的跑动、穿插、策应来打乱守方的防御体系，在局部地区打破攻守双方人数上的平衡，造成以多打少的局面。在发动阵地进攻时，本方必须控制好球，借助集体控球（包括短传、倒脚等）能力充分利用球场的宽度来寻找突破口，一旦发现对方防线露出空隙，就毫不犹豫地展开攻击。阵地进攻的关键是要利用球场长度和宽度进行机动跑位，不断调动防守队员的位置，当防御体系的某一局部地区出现不和谐时也就为进攻带来了机会。此外，不容忽视的是阵地进攻随时都存在着一旦进攻受阻，对方断球后就会有打反击的危险。因此，阵地进攻对战术及其变化的要求很高。

（六）中路渗透

中路渗透一般有后场发动进攻、中场发动进攻、前场发动进攻三种形式。

（1）后场发动进攻。这主要指守门员、后卫发动进攻。

（2）中场发动进攻。阵地进攻中的中路渗透的主要战术配合是由中场发动的，前卫队员担负着组织核心的重要角色。采用的方法是短传配合，以各种二过一来摆脱对方的防守队员。

（3）前场发动进攻。这主要靠前锋回撤后在其身后形成的空当由其反切插入，或者由后排的前卫、后卫插入。在罚球区附近做撞墙式二过一的配合，对突破对方中路密集防守有奇效。

（七）中边转移

由于中路聚集着攻守双方大量的兵力，有时单一的中路渗透不能奏效，因此，一旦中路进攻受阻应及时往边路转移，以分散中路防守队员的注意力，然后由边路突破再将进攻方向转到中路。有时防守力量偏重在某一侧时，也可做由一侧向另一侧的边路转移进攻。

（八）快攻

快速进攻是最有实效的一种进攻战术，其主要特点是由守转攻时乘对方来不及组织防守、立脚不稳之际，通过简便快速的传递配合创造射门机会。快攻的形式有以下几种：一是守门员获得对方射门的球，此时对方的三条线压得比较靠前，守门员迅速用脚踢或手抛给本方埋伏在对方后卫线附近的突击队员，形成快速突破的机会；二是在中、前场截得对手脚下的球，即刻发动进攻；三是在中、后场获得任意球时，快速发球也能形成快攻机会。快攻最为关键的因素在于“快”和“准”。

五、射门技术

足球射门技术，指用脚踢球、头顶球、脚铲球等技术将球射向对方的球门。足球射门是进攻的最终目的，也是比赛胜负的关键。足球射门的方法有很多，可射地滚球、空中球、反弹球、直线球、弧线球；也可直接射门、运球射门、接球射门、过人射门、直接任意球射门等。射门时要求冷静、机智、果断、有信心，动作要快速、准确、有力，并能随机应变。

直接射门、运球射门、接球射门、过人射门往往采用力量较大的脚背正面、脚背内侧、脚背外侧等射门技术动作。脚背内侧和脚背外侧常用于包抄抢点和抢点射门。脚背内侧和脚背外侧射门的技术特点是可以成功地踢出“香蕉球”（即弧线球），绕过人墙，获得射门的机会。因此，在踢任意球时常用该技术动作。脚背正面和脚背内侧还经常可以踢凌空球，对守门员都有较大威胁。

除了用脚的各个部位射门以外，头顶球射门得分也占据了相当的比例，头是人的最高部位，前额骨坚实而平坦，因此，头顶球是队员占据空间、争取时间的重要手段，享有“第三条腿”的称号。头顶球技术可以用于传球、射门和断球。

在比赛中针对边路传中、角球和外围斜长传等空中传球，头顶球是获得射门得分的重要方法，其特点为距离球门近、射门角度大、变向突然。

第二节　防守战术

防守战术是在丢球后即可开始的战术。防守战术在比赛中的具体运用往往表现出一定的被动性，因此，受到进攻战术的牵制。防守战术的目的是抑制对方进攻，设法夺回球的控制权。因而，防守战术中的主动性仍然是极其明显的，其主动性通常体现在主动运用战术原则方面的积极抢断。为了运用好防守战术，防守队员必须掌握好下面几个原则。

一、防守的原则

防守原则是对对方的一次完整进攻，是不同阶段、不同场区防守队员的行动准则，包括拖延、延缓、平衡、收缩、控制等方面。

（一）拖延

在对方持球的时候，防守队员最重要的任务就是对持球队员进行压迫，让他不管是盘球还是传球都不能有效地向防守方的球门前进，如果能迫使对方形成回传，那么就是成功的第一步。

（二）延缓

由攻转守最重要的是需要一定的时间进行队形的调整和布防。因此，要求失球的瞬间即刻转为防守，失球队员和距球最近的队员立即反抢，力争把球夺回来或阻止、干扰对方的进攻，为本方争取更多的时间进行回防，并组织有效的防守体系。

（三）平衡

在延缓对方进攻速度的同时，除个别牵制队员，其他队员必须尽快回撤到对手与本方球门之间的正确防守位置上进行有效的防守。在攻守人数对比上至少达到相等，最好在有球区域形成以多防少的安全稳固的局面。

（四）收缩

随着时间的推移，防线逐步撤回到罚球区附近。在争取到布防时间和攻守人数平衡的基础上，向球门前漏斗区合理收缩防线，形成纵横交错，相互保护、补位的紧密防守队形，压缩所有可能威胁守门员的空间。

（五）控制

在射门的距离内，对有球队员和插上接球或射门的队员实施贴身紧逼，限制其射、传、突、切的自由，对进攻队员、球、空间进行有效的控制，同时要避免鲁莽行为和不必要的犯规。

（六）深度与掩护

这里指的是防守时必须有纵深，才能够有人在第二防守位置掩护，而不是平行的防守，这样一旦第一防线失守就不会让对方长驱直入。具有深度的防守，可以形成不同层次的防线。

（七）耐性与纪律

在防守时必须坚守自己的岗位，不要轻易地被对方引诱，并且要跟队友彼此紧密地配合，才能达到防守的效果而不致出现漏洞。

二、小组配合

（一）施压

进攻队员往往会通过各种手段摆脱防守队员的盯防，也常常利用控球的优势调动防守队员，以期达到制造出可用于射门的时间与空间。因此，在防守时，防守队员要不断地采取逼、抢、夹击等手段向进攻队员施加压力，使进攻队员的活动受到限制，处于一种紧张忙乱的被动状态。

施压要把握好时机与场区。施压的场区选择：一是在对方罚球区附近和中后场时，二是当控球队员处于边角地区或传球角度较小时。在这两种情况下选择施压，除了对控制球的进攻队员采取紧逼盯人防守外，对有球附近的进攻接应队员也应同时采取紧逼盯人防守。

选择施压的时机有：一是在对方守门员发球时，防守队员迅速压上，采取人盯人防守；二是在对方场上队员人数处于劣势（如有队员受伤下场、被罚出场等），并出现以多防少时，要及时采取紧逼盯人打法；三是在对方队员的攻击能力不强时；四是当对手接球、控球困难时；五是当对手背对进攻方向接球时，要紧逼其身后，不让其转身；六是当局部形成人数优势时，此时，应当迅速实施局部紧逼围抢以争取防守成功。

施压的主要技巧有以下三个方面：一是对控球队员采取紧逼争抢，迫使控球队员低头将视野集中于球上，或者迫使控球队员只能做短距离传球和运球；二是当控球队员运球时，要逼迫其将球运向防守队员密集的区域以便将其在此区域截下；三是逼迫靠近控球队员开始时要快，接近时要慢，并要保持正确的站位姿势、选择正确的位置角度。

（二）回撤

由攻转守时，当有其他队员封堵控球队员时，其他无球防守队员要尽可能地快速回撤，分离、隔断攻方队员间的联系，在回撤过程中，注视攻方进攻的局势变化和方向，不断调整回撤的位置和速度，不断压缩防守队员间的防守空间，加强防守队员间的联系，在有步骤的回撤过程中形成纵深防守体系。

（三）回位

防守队员应当对自己的防守任务有明确的意识，根据自己防守任务和防守对象的活动，迅速回到自己的防守位置上来，以形成全队的防守纵深梯队，建立牢固的防守体系。如果不能迅速回位，可能会造成防守体系的不严密，也可能被攻方队员利用此弱点而将整个防线击破。在回位的跑动路线选择上，要选择有可能对攻方传射路线起到一定干扰作用的路线和角度，特别是要选择能干扰控球队员和自己防守对象传球的路线和角度。

（四）抑制

攻方无球插上的队员往往是最有威胁性的队员。因此，当有攻方队员插上时，一定要迅速地追上去，特别是在中路罚球区附近时更要小心注意，不能对无球插上的攻方队员漫不经心而任其自由插上。当攻方队员摆脱守方队员后，被摆脱的守方队员要紧紧地追赶攻方已插上的队员，形成对已插上的攻方队员前堵后追的夹击局面，争取抑制住进攻势头。

（五）紧密性

现代足球越来越注重整体性，无论是攻方还是守方都是如此。为了提高防守的有效性，对攻方队员形成有力的防守压力，防守队员间应当高度的严密联系，各个防守队员对相邻的同伴都可以提供及时和有力的支援，使攻方队员难以在防守阵型中找到漏洞。

（六）协防

协防就是协助防守。当一对一防守被对方突破时，队友过来协助防守，当然还有一种就是当一对一防守无法防住对手时，对手并没有突破，只是持球或运球，但若对手的实力很强，队友过来帮助防守，这也叫作协防，在这种情况下，队友的协防与自己的防守对对手来说也叫作双人夹击。

（七）策应

在足球比赛的策应战术中，重要的不是策应队员的身高和体积，而是策应队员的巧和快。所谓的巧就是队员将球先传给第一名攻击队员，利用这名队员来吸引对方防守的注意力，当对方的防守重心落在第一名攻击队员的身上之后，第一名攻击队员迅速把球传给第二名攻击队员，实际上第一名攻击队员只是一个诱饵，目的就是吸引对方的防守重心，真正发起攻击的队员是在其后面进行接应的队员。

（八）人盯人防守

人盯人防守基本上就是个人专盯防自己的防守对象，防守对象跑到哪，自己就得跑到哪，不交换防守对象，不受防守区域限制，后方队员间的保护主要由最后的拖后中卫进行区域保护和补位。人盯人主要通过压迫式的凶猛抢断来压制对手的进攻和技术优势，这种防守体系优点是分工明确，对对方的限制力强，但是对防守队员的体能、意志、防守能力的要求高。人盯人防守体系的缺点在于一旦有个防守队员被对方突破，而防守队员间的保护及补位不及时到位，很可能就会造成全线被瓦解的局面。所以，要根据对手的情况而采用不同的盯人方式，可能从一丢球就开始全场紧逼盯人，也可能从中场就开始或到后场才开始进行人盯人防守。

（九）区域防守

区域防守就是指全队在防守时，层层设防，形成层层盯人加保护的整体防守体系。在区域防守体系中，每个队员都是在自己相对稳定的区域进行盯人防守，主要是对进入自己防守区域的对方队员实施盯人防守，当对方进攻队员交叉跑位到另一个防守区域时，本方防守队员和该区域防守队员交换防守任务，一般不越区盯人防守，不受对方的牵引。防守队员由在其身后的队员来保护和支援，当对方强行突破或无球跑动切入接球时，防守队员就要紧追盯防。

区域防守的优势在于节省体力，队员在防守时的机动性和保护性更强，其缺点是防守队员需要有良好的判断预测能力和意识。如果队员的配合不默契，就会被对方充分利用两个防守区域的交界处，一旦交界处被突破，那么防守队员和守门员就会形成单对单的局面。

（十）混合式防守

混合式防守就是人盯人防守加区域防守的结合。在这种防守体系中的盯人是将对方中最具有突破防守线能力的队员或组织者死死盯住，通常是两个中卫中的一个去实施，另一个成为拖后中卫的“清道夫”。这种防守体系对盯人中卫的个人防守能力、体能、意志要求较高。“清道夫”则要求有良好的保护和补位意识，头脑冷静、观察全面、判断分析准确。

三、全队配合

全队防守打法由于采取的战术方法特征不同，对防守的能力要求也不相同。全队的防守打法分为间接性、低压力的集体性防守打法和直接性、高压力的集体性防守打法两种不同的类型。

（一）全队防守战术

当对方将本方的进攻破坏并夺去控球权时，本方开始转入防守。要想取得全队防守的满意效果，应当做好以下几个方面的战术配合：

（1）有控制、有组织地退至中场。转攻为守时，有球队员附近的本方队员要积极回防以迅速形成一道防守线，力图阻止对手发动快速反击。其他队员则快速调整自己的位置向中场退守，在退守过程中要注意先从位置上阻断对手间的联络，以减缓和控制对手的进攻发展速度和发展方向。

（2）占据重要区域和在盯人后卫前面形成区域防守。在退至中场并形成本方的防守阵型过程中，要抢先占据对方有可能选择的突破区域和罚球区附近的重要防守区域。中场队员要在本方的盯人后卫前面筑起严密的防守屏障，形成紧密的区域防守体系。

（3）阻止对手进入本方防守三区（即本方罚球区附近区域）的边路传中位置。边路是防守的薄弱区域，攻方往往利用从边路的突破，然后传中为中路制造射门机会。因此，防守时密切注意对手的活动，争取不让对手进入防守三区的边路传中位置；或者当对手进入防守三区的边路传中位置时，要尽可能上前封住或破坏对手的传中。

（4）在防守三区中路（即本方罚球区附近中路区域）严防对手并准备发动快速反攻。罚球区附近中路区域是对手攻击的主要区域，也是对本方球门威胁最大的区域，一旦对手在此区域得球，就很有可能起脚射门得分。所以，在这个区域对进攻队员要严加防范，寸步不离、寸土必争，不给对手得球射门的任何机会。同时，罚球区附近中路区域常常是对手最后发动攻击的结束区域，防守队员一旦将球抢下，就要迅速地发动最猛烈的反击。因此，当严密防守对方队员进攻的时候，就要做好抢到球即刻向对手发起反攻的准备。

（二）小组防守战术

全队防守体系建立在小组防守体系之上。作为全队防守体系的基础，小组防守战术要取得良好的效果，必须在以下几个方面做好充分准备：

（1）在必要时，前面队员能回撤并在中路形成“漏斗形”的打法。小组防守的关键环节是相邻队员间的防守位置是否具有良好的层次性，如果防守队员间的位置关系没有层次，而是站成了一条平行线或一条垂直线，那么防守队员间就无法保持良好的协作防守关系。进攻队员通过传球或运球越过小组防守中的其中一个就可能将小组防守的其他队员全部摆脱，或使其他小组防守队员失去防守效力。而小组防守队员间良好的防守位置关系，使得防守队员间的联络方便、快捷，相互支援灵便，整体防守效力高，防守效应的辐射范围大。所以，小组防守首先是保持良好的防守位置关系，特别是防守队员间的纵深层次关系。

（2）以中场队员区域防守为基础，当对手切入后卫线防守队员身后或中场线防守队员身后时追盯。为保持全队防守的完整性和牢固性，小组防守在中场多采用区域防守，一方面注重小组本身的纵深层次，另一方面保持全队防守的纵深层次，特别是中场的小组防守常常为本方后卫线筑起一道防守屏障，这道防守屏障越坚实、牢靠，对方攻击本方后卫线的可能性就越小，进攻的难度就越大。当有对手跑动切入本方后卫线防守队员身后或跑动插到本方中场队员身后时，要有防守队员紧紧盯住或迅速追盯切入的进攻队员，防止对方进一步向纵深扩大和发展。

（3）防守三区边路形成一对一防守时，中场队员要策应边后卫队员。当对方进攻从边路发动逼近边后卫队员时，中场队员要及时向边后卫队员身旁靠近，迅速支援已经处于一对一防守的边后卫队员，尽快形成夹击对方进攻队员的协防或围抢态势，确保边路防线不被对方突破。

（4）对两个或一个前锋采取人盯人防守，并且“清道夫”拖后。当对方采用双中锋或只有一个中锋时，防守队员要对其采取盯人紧逼防守方法，同时保持有一名“清道夫”在本方盯人后卫的斜后方拖后，对本方盯人后卫进行协防和保护。

（5）各条防守线都引诱对手进入密集区和限制对手的接应。当对手发动进攻时，防守队员对进攻队员特别是控球队员要主动实行逼迫和引诱其进入或将球传入本方防守的“伏击圈”内。这样可以有预见地采取防守行动，控制其进攻发展，增加防守的效率。同时，对无球跑动的进攻队员要采取分断隔离战术，限制其对控球队员的支援和接应或削减其支援和接应的效率。

（三）个人防守战术

个人防守是全队防守及小组防守的基础，因此，个人防守能力应当在以下几个方面获得充分的展示：

（1）限制对手沿某一角度活动的能力。在对方进攻时，作为防守队员，要有使自己的防守对象被迫进入自己的防守范围和调整、控制防守方向的能力。通过自己的防守行为变化，限制进攻队员的活动，使其始终沿着防守队员欲往的方向发展，使进攻队员的进攻活动被极大控制或完全瓦解，以致防守队员最终达到控制对手进攻的目的。

（2）在一对一防守的形势下，保持正确的防守站位步法，不给对手任何自由活动的时间或空间，以达到确保防守三区安全的目的。

（3）在防守半场击出球后迅速压出。在防守时将球向外击出后，所有队员应当迅速向前压出，迫使对方队员离开防守三区，远离攻击目标，从而达到保护防守三区安全稳定的目的。

（4）形成严密的防守组织，以限制和减少对手活动的时间和空间。对方队员组织发动进攻成功，本方队员要努力回防到位，并在防守三区内形成完整严密的防守体系。对进入防守三区的攻方队员实施紧逼盯人，一刻也不能放松，通过保护与补位等协防战术配合，将防守线上出现的漏洞及时填补，不给对手可乘之机，最大限度地限制和压缩对方队员进攻活动的时间和空间，使对方的进攻活动处处受到限制和破坏，最终使本方达到破坏对方进攻，并且将球从对手脚下重新抢回的目的。

第三节　定位球的防守与进攻

在足球战术中，定位球战术是指在比赛中利用死球后重新开始比赛的机会，组织进攻与防守配合的战术方法。

在定位球战术中，包括中圈开球、角球、任意球、球点球、掷界外球等。定位球攻击可以是战术性的，也可以是技术性的，而在势均力敌的高水平足球比赛中，定位球战术有时起到决定胜负的作用。

一、定位球的进攻

（一）定位球进攻的重要性

定位球战术赋予了足球比赛新的美学韵味。现代足球发展至今，在足球比赛场上不乏任意球高手，如英格兰球星贝克汉姆的“贝式弧线”、巴西球星卡洛斯的“大力轰门”以及意大利球星皮尔洛的“落叶式”任意球等，这些球星的任意球表演在比赛中形成了一道道美丽的风景线。

定位球进攻战术已成为足球比赛战术体系中必不可少的一部分。定位球进攻战术在足球比赛中扮演着越来越重要的角色，尤其是在比赛进入僵持阶段时，定位球往往是打破僵局，取得进球的最为有效的手段。据统计，在国际比赛中，一支球队在每场比赛中，平均有 9 次球门球机会、20 次掷界外球机会、15 次任意球机会和 10 次角球机会，以及平均每 3 场有 1.7 次球点球机会。

根据比赛的有关统计数据表明，定位球进球数占总进球数的 31.7%，其中进攻三区的任意球占 43.1%，许多关键比赛的胜利常常是通过角球、任意球和掷界外球的巧妙配合或卓越的射门技术破门得分而实现的。定位球进攻之所以有如此大的成功率，主要在于定位球打法直接、简单，使得防守的难度系数大大增加。其优势在于：按照规则，在发定位球时，对手不得在 9.15 米的范围内（除掷界外球外）。这样，就给进攻者以足够的空间进行战术安排。定位球战术简单，其影响因素相对较少。在训练中有意识地练习，就能大大增加定位球得分的机会。

（二）定位球进攻有利因素

罚定位球时，比赛是在死球状态下，对手距离球至少 9.15 米（除掷界外球外），故进攻者可投入较多的进攻人数，在没有任何风险的情况下，可以事先调动并能在预设的区域或进攻点进行埋伏，不仅能发挥进攻战术的最大效能，还能最大限度地调动队员的主观能动性，进球概率也较高。

（三）定位球进攻的主要方法

定位球在尽可能减少传球次数，并力求快速、突然出球的同时，充分制造和占据球门前空间的机会，要牢记定位球“打法越直接、简单，成功的可能性越大”。

任意球直接射门一般用于罚球区前沿中路地区。此时，射门角度大，距离球门近，直接得分概率较高。经常采用的技术动作有弧线球、大力射门、电梯球、战术配合后射门等。

间接任意球主要采用的方法是将球快速传递到射门点，即一传一射，将球传至有利区域让队友射门。

角球有短传和长传两种，多数角球采用内弧线球传至球门前区域。

短传角球（战术角球）的优点是快，在角球弧处形成人数优势，缩短传中距离，提高传球准确性，队员身材不高、争空中球较弱的球队用此打法较多。

长传角球，多数长传角球将球传至球门前区域，由同伴配合射门。一般擅长右脚者发左侧角球，擅长左脚者发右侧角球，这样有利于踢出内弧线球，也可以直接射门得分。

掷界外球进攻时，应尽快发出，将球掷给无人防守的队员，并且掷出的球易于控制。前场掷球常采用的方法：将球掷入对方罚球区内，利用头顶球射门或者摆渡创造射门机会。

二、定位球的防守

（一）定位球的重要性

现代足球比赛最本质的特点是高速度、强对抗。体现在防守上时，特别是在防守三区内，盯逼更积极，抢断更凶狠，队员之间的保护也迅速且及时，这些防守措施最大限度地遏制进攻队员无球和有球活动。与此同时，现代足球比赛表现出对防守的高度重视，“稳固的防守是取胜的基础”“守好了再攻”等已成为当今足球比赛的基本哲理。当比赛处于防守时，整队的回防速度常快于对方的进攻速度，在防守的关键区域更是采用以多防少的压逼式打法。在这种紧密的防守条件下，进攻队员所能创造利用的时间更少，空间也更狭小，这就给进攻技战术的发挥带来了更大的困难。

自 20 世纪 70 年代“全面型”足球战术问世以来，在近几届的世界杯足球赛中，平均每场进球为 2.58 ± 0.208 个。与此相反，随着防守人数的增加，国际足联规定对防守队员的犯规判罚更加严厉，使得攻方在前场获得并利用定位球创造得分的机会也大大增加。通过对近几届世界杯足球赛决赛阶段的两百余场比赛数据统计的分析，定位球进球数占总进球数的 31.7%，进攻三区的任意球占 43.1%；更关键的是，许多重要比赛的胜利通常是通过任意球、角球和掷界外球的巧妙配合或卓越的射门技术破门得分而实现的。所以，定位球已经被广泛重视，并被列为重要得分手段，其发展潜力很大。

（二）定位球防守的不利因素

进攻队将最优秀或具有某一特长的队员安排于预先设计的位置上，不仅给防守队员心理施加巨大压力，而且使防守队员的技战术发挥受到极大限制。除掷界外球外，防守队员要退至距球 9.15 米以外，不能对罚球施加压力，这使得防守队员更加被动。比赛成死球时，若防守队员注意力不够集中，就容易失去必要的警惕，往往会被对手抓住时机，快速进攻得分。

（三）定位球防守成功的要素

个人与全队要具有严明的纪律性，个人的一切行动都应服从全队的需要。要有严密的组织和详细的计划，尤其是防守三区的定位球，应根据本方的实际情况和对方的进攻特点，确定防守方法并反复操练，达到全队高度协调的目的。除此之外，还要集中注意力，特别是比赛处于死球状态时，要保持高度的警惕性，全神贯注、细致观察，重视盯防对手并控制危险的区域。

第四节　比赛中的阵型

足球比赛阵型是指在足球比赛场上队员的位置排列、攻守力量搭配和职责分工的形式。足球比赛阵型的序列一般是从后卫排向前锋，守门员的人数、职责固定，一般不予计算。例如，4-4-2 阵型从后至前分三条线，后卫线 4 名队员，前卫线 4 名队员，前锋线 2 名队员。足球比赛阵型种类繁多，但要依据本方队员的条件、特长和对手的特点来选用。阵型要在场上每个队员明确基本位置和主要职责的前提下，充分发挥每个队员的主动性和创造性及全队全攻全守的特点，切不可刻板地追求阵型的形式，而限制了队员的特点。随着现代足球运动的发展，攻守矛盾的斗争日趋激烈；运动员技、战、体、心、智诸素质不断提高；规则的变化和人们对足球比赛规律认识的逐步深化，足球比赛阵型随之演变和发展。

一、足球比赛阵型的变革

（一）比赛阵型萌芽阶段（1863—1924 年）

1863 年现代足球运动诞生，并制定了统一的比赛规则，使足球比赛在公平竞争的条件下进行，队员在场上需要基本的位置排列和职责分工，随之创立了比赛阵型。由现代足球运动诞生前的 10 个、9 个前锋，“一窝蜂”式只顾进攻射门的踢法，逐步发展到 1-2-7 式、2-2-6 式和 2-3-5 式（即塔式阵型），攻守人员配备逐渐趋向平衡。塔式阵型在足坛沿用近半个世纪，对足球运动的发展起到了积极的作用。

（二）比赛阵型平稳发展阶段（1925—1953 年）

1925 年国际足联修改了越位规则，将进攻队员与对方球门线之间的防守队员不足三人时为越位改为不足二人时为越位后，促进了战术打法与比赛阵型的变革。经过不断的实践总结，1930 年英国人查普曼创造了“WM”式阵型。这个阵型分工明确，攻守力量平衡，后卫线负责防守，包括左前卫、右前卫、左后卫、中后卫、右后卫共 5 人；锋线负责进攻，包括左边锋、中锋、右边锋、左内锋、右内锋共 5 人。这个阵型适合当时队员的比赛能力，使英国称霸世界足坛 20 多年，并在很长一段时间内为各国所采用。

（三）比赛阵型迅速变革阶段（1954—1974 年）

由于训练水平的不断提高和优秀运动员的涌现，以及人们对足球比赛规律认识的不断深化，比赛阵型与战术打法也经历了变革。

（1）20 世纪 50 年代初期，匈牙利队根据本队的特点，针对“WM”式阵型 3 名后卫防守的不足，运用中锋后撤、两名内锋突前的“四前锋”阵型打法，两内锋突前穿插与两边锋配合在对方 3 后卫的空当间快速传切、交叉、渗透，在进攻局部地区形成二打一、三打二的人数优势，彻底摧毁 3 后卫制的防守体系。从 1950—1954 年的 4 年间，匈牙利队创造了 29 场重大国际比赛连续不败的优异成绩。1952 年获奥运会足球冠军；1953 年在英国伦敦温布尔登足球场以 6∶3 的悬殊比分大胜英国队，从而打破了英国队在本土保持 90 年不败的纪录；1954 年英国队带着雪耻的决心回访布达佩斯，匈牙利队再以 7∶1 的比分大胜英国队。“四前锋”阵型动摇了“WM”式阵型一统天下的地位，各国足球队纷纷效仿此种阵型。

（2）20 世纪 50 年代末期，巴西队在第六届世界杯足球赛上，吸取了匈牙利队“四前锋”阵型打法的成功经验，首创了 4-2-4 阵型。既保持了“四前锋”阵型攻击力强的优点，又弥补了 3 个后卫防守的不足，取得了 6 场比赛进 16 球、失 4 球的佳绩。因此，4-2-4 阵型很快在世界普及。由于匈牙利队和巴西队卓越的战术，凌厉的攻势，加剧了攻守矛盾，促进了防守战术不断改革。

（3）20 世纪 60 年代，“清道夫”式、锁链式、混凝土式防守打法应运而生，消极防守打法笼罩足坛，进球率降到最低点。

（4）20 世纪 70 年代，荷兰队和德国队在战术指导思想上进行了革新，摒弃前锋单纯进攻、后卫单纯防守的陈旧观念和打法，摆脱刻板阵型的约束，依据队员的能力和特点及比赛的具体情况，即兴发挥、有机组合，形成了整体全攻全守的先进打法。1-3-3-3 和 4-3-3 阵型的全攻全守打法对运动员技、战、体、心、智诸素质要求更高，倡导创造性，加快了比赛的攻守转换速度，提高了进球率和观赏性。

（四）比赛阵型进一步探索与发展阶段

20 世纪 80 年代至 90 年代，在欧洲足球锦标赛和世界杯足球赛上，一些优秀球队采用了 3-5-2、5-3-2 和 4-4-2 阵型，踢法更具效率，对抗更加激烈，早期足球的个人英雄主义正在逐渐减弱。21 世纪以来，足球阵型的变化已经趋于最成熟阶段，具有跨时代意义的战术思想不会再井喷式出现，但其特点却越加鲜明，最显著的特点是：减少锋线人数，增加中场人数；压缩三线之间空当，力争主动控制中场；强化攻守转换速度和时空争夺力度；进攻要求两前锋积极穿插扯动，前卫及时灵活轮番插上，边中结合，攻击点多面广；防守强调逼迫攻击或整体防守。从而进一步加强攻守的机动性和最大限度地发挥整体的力量，这标志着现代足球运动在战术打法上已经走上了一个顶峰。

总之，比赛阵型是在足球运动长期实践中逐渐形成的。攻守矛盾的加剧是阵型演变与发展的动力，竞赛规则的重大变化是引起阵型变化的重要因素，运动员技、战、体、心、智等素质水平是阵型演变与发展的基础。阵型不是机械呆板的，更不能盲目照搬，从阵型演变与发展的过程和世界杯足球赛上取得优异成绩的经验来看，只有采用符合本国、本队传统和队员特点的阵型才能获得成功。

到了 20 世纪八九十年代，足球阵型的变革基本完成，足球的战术意识也基本形成。足球阵型经历了从个体进攻到小团队进攻再到现在以整体进攻为主的一个演变，而随着现代足球打法的日益成熟，足球阵型打法已经不再单单局限于某一种单一的整体进攻方式，而是渐渐演变出了很多不同的阵型打法。

二、现代足球比赛中常用阵型

（一）4–4–2 阵型

在 4–4–2 阵型中，两个前锋虽然存在左右站位的不同，但由于在比赛中两人经常、频繁、大范围地进行交换位，所以不确定谁左谁右，皆以前锋概论之。4–4–2 阵型有很多变形，主要是围绕中场的站位，但也有后场站位的不同。标准 4–4–2 阵型的中场和后场都是平行站位，俗称“一字形”，当然是中国的叫法，国外的“一字形”并非如此。除标准中场站位之外，中场还有好几种变形。

4–4–2 阵型的特点在于攻守平衡，无论从人员排列还是到职责分工，各条线和位置之间都能相互进行补位，并能进行保护。在进攻时，能相互支援和协作。4–4–2 阵型是现代足球比赛中最常见的阵型，尤其在双方球队实力接近的情况下运用最多。

4–4–2 阵型在打法运用上，由于中场 4 人站位不同，而表现出不同的打法。一般而言，中场 4 人站位比较常用的主要有以下两种：一种是 4 人平行站位，另一种是菱形站位。而根据比赛目的和要求，也有 1+3 站位、3+1 站位和 2+2 站位等。

（二）全攻全守阵型

全攻全守阵型被视为足球技战术发展史上一次具有划时代意义的变革，它最早出现在荷兰足球联赛的阿贾克斯队的战术打法中。这种战术打破了传统足球理论对防守和进攻的绝对区分，使进攻和防守融为有机的整体，在这种战术的引导下，足球运动变得更加富有攻击性、整体性，增强了对抗的激烈程度，极大地提高了足球运动的观赏性。全攻全守的球场站位一般情况下是由 4-4-2 阵型演变而来，在这一过程中，原有的双前锋变为了单前锋加两个强有力的边前锋，同时，把中场的组织交给了剩下的 3 个中卫，而后面平行站位的 4 个后卫把位置提前，从而达到进攻的目的。

可以说，全攻全守战术就是荷兰足球队的灵魂，在他们的 4-3-3 站位中，边锋的作用远不止是传球，更是整个球队全攻全守战术进攻的核心，后来，这种打法延伸到了由“荷兰帮”之称的西班牙甲级联赛的球队——巴塞罗那队中。

荷兰的足球教练员——米歇尔斯的去世，再一次引发了媒体及球迷们对全攻全守足球战术的热烈讨论。不过关于全攻全守足球战术的定义是众说纷纭，但有一点可以肯定的是：全攻全守足球战术并不是指“十上十下”。“十上十下”只是一个表面的现象，而不是全攻全守足球战术的实质内容。事实上，假如队员们真的“十上十下”，那么他们肯定是没有充分运用全攻全守足球战术所重视的自由度，浪费了队员的体力。

所谓的全攻全守足球战术是一种强调整体，而又允许队员自由发挥的战术。全攻全守足球战术指的是队员不以固定的分工和角色来踢球，而是以他们在球场上的位置来决定当时所要承担的工作。当后卫有空间和机会出击时，那个后卫便以进攻队员的身份来处理脚下的球，而不是根据原来的分工自我约束，放弃进攻或完成整个攻势的机会。更重要的是，队员的自由走动和自由发挥并不需要在完成某一组动作后立即回到原来所限定的位置上，而是可以让个别队员在“新”的位置上继续寻找发挥个人作用的机会。与此同时，其他的队员便需要填补因其助攻而暴露的空位，或者是分担其防守工作。助攻如此，进攻也如此，同样回防也是这样。因此，全攻全守足球战术就要求每一位队员都需要具备担任其他位置工作的能力，以队员的多元能力和技术以及他们临场的判断能力，代替固定的球队阵型分工。

（三）圣诞树（4-3-2-1）阵型

圣诞树（4-3-2-1）阵型一般就是指：4 个后卫，3 个后腰，2 个前腰，1 个前锋（偶尔也会将一个后腰稍稍拉前，即 4-2-1-2-1 阵型：4 个后卫，2 个后腰，1 个中前卫，2 个前腰，1 个前锋），因在场上的样子像圣诞树，故而得名。圣诞树阵型强调的是中场的控制，后腰断球，就地组织进攻，攻防转换快。

中场人员多，便于控制中场和传球，也就是说在进攻和防守的时候中场人员都要多。相当于在 5 个人的中场，并且是在不牺牲后卫线人数的基础上实施的，所以对于喜欢打防守反击的球队或者是喜欢控球推进的球队来说是极大的方便，最起码在防守的时候中场人员肯定多。

该阵型对于场上人员位置感要求极高（尤其中场），对边后卫的要求也很高，两个边路队员的助攻能力相对要强，后腰对全场的洞察力也要强，需要给两个边路补位，而且体力要求高。例如，AC 米兰的加图索、巴塞罗那的马克莱莱、曼彻斯特联的博格巴，就是这种体力好且能覆盖全场大部分区域的队员。中场中路队员需要的前插意识相对强烈，中锋需要有较强的头顶球回防能力和护球能力。

（四）Tiki-Taka

Tiki-Taka 并不是西班牙语或英语，或其他某种常用语言中的词汇，而是最早被用来形容足球战术，它被认为是来自于 2006 年世界杯期间西班牙电视六台播音员安德雷斯－蒙特斯。在西班牙语中，Tiki-Taka 的发音近似于“DiGi-DaGa（汉语拼音）”，蒙特斯在形容西班牙队对突尼斯队的比赛中的战术时说：“Estamos tocando Tiki-Taka Tiki-Taka.”这个词汇实际上是象声词，用来形容队员们在场上快速地短传球。

Tiki-Taka 战术主要包含传控组织和高位逼抢两大内容，高位逼抢是荷兰教练员米歇尔斯的全攻全守理念里的一条战术原则，即把全队阵型高度压到对方半场进行丢球之后的就地集体高位反抢，靠队员的跑动意识和体力来切割对手传球的路线，完成对控球权的反抢，以抢代守，实现对控球权、进攻机遇的垄断。后来的巴萨在克鲁伊夫和范加尔、里杰卡尔德三代荷兰名帅的执教下，贯彻了荷兰足球全攻全守理念的全部。而 Tiki-Taka 战术的传控组织部分则不是起源于荷兰足球，而是起源于西班牙本土的斗牛士传控风格，西班牙这个国家的足球风格历来强调队员的脚下传控技术的细腻程度，很多球队喜欢靠细腻的脚下传控技术基本功来引逗对方的队员被动进行扑抢，就像斗牛士带着一块红布挑逗一头愤怒的公牛一样，不断地秀着自己的技艺来使得对手像公牛一样疲于奔命，最终在对手体力下滑之际，突然“一剑封喉”，置对手于死地，这就是西班牙足球的传统风格——细腻、华丽、扎实的传控技术。这在早期的皇马、巴萨以及 21 世纪初的超级拉科、比利亚雷亚尔这两支杀到过欧冠四强的西甲球队当中，都可以发现这种西班牙传统的足球风格雏形。

Tiki-Taka 战术被认为是起源于克鲁伊夫执教巴萨队期间（1988—1996 年），然后被荷兰教练员路易斯－范加尔和里杰卡尔德延续并发展，并被其他西甲球队使用。在瓜迪奥拉执教巴萨队期间（2008—2012 年），Tiki-Taka 战术的版本发展到极致，并取得了最大的成功。在哈维尔－克莱门特执教西班牙国家队期间（1992—1998 年），曾使用该战术，但使用最为成功的还是阿拉贡内斯执教西班牙国家队期间夺得 2008 年欧洲杯，以及博斯克执教西班牙国家队期间夺得 2010 年世界杯和 2012 年欧洲杯。同时，亚洲的日本国家队也采用此战术阵型。

（五）防守反击阵型（4-5-1、5-3-2）

防守反击常作为一个体育比赛中的阵型，尤其在足球比赛中，防守反击是一种成熟且有效的战术打法。这种打法历来被许多专家们认为是弱队打强队的制胜法宝，但在现实的足球世界中，如穆里尼奥执教的切尔西以及意大利国家队，尽管拥有高人一等的实力，但也常常使用防守反击阵型作为自己的杀手锏。

防守反击是个很宽泛的概念，一是收缩防线，利用 2—3 名快速队员伺机反击；二是弗格森爵士前些年提起过的前场逼抢，打对手反击之反击；三是近几年多特蒙德的整体反击。反击需要球队有速度较快的队员并且队员要有充足的体能保障，后者是最难的，尤其现在每年的足球比赛那么多，要队员保持充足的体能不断反复冲刺，对教练员和队员来说都是巨大的挑战；并且一旦习惯了反击，遇到攻坚战时教练员将缺少办法，这是反击的副作用。当然，任何一种打法，一旦球队对其形成依赖都会带来副作用，关键是要适合队员的特点，契合教练员的思路。

防守反击阵型一般多为 4–5–1、4–4–2、5–3–2 阵型等，这种阵型讲究的是先稳固防守，然后再伺机反击对手。中后场人数多空当小，给对手留下发挥的余地也就小。而自己的队员可以在较短的距离内，对来球进行有效的防守。这样做既可以节省队员的体力，又可以有效地吸引对方的进攻队员深入本方防守区。而对手在前场人数不占优势的情况下，不能有效地组织进攻。一旦为了进攻而增加前场进攻队员的人数，后场必然会空虚。此时，防守的一方一旦得球，并及时地传给游弋在对方半场的本方队员，那么防守阵型会马上变为进攻阵型，即由 4–5–1、5–3–2 变为 3–5–2 或者 3–4–3。在瞬间达到在对方半场的人数优势后，给对方以致命一击。

（六）3–5–2 阵型

3–5–2 阵型在传统上的表达方式是后场—中场—前场，即用不同场区的人数来表示不同的阵型。因为守门员的位置特殊且固定，所以平常在阵型的表达上会将守门员省略掉，直接从后卫队员算起，故常称“3–5–2 阵型”。

这种阵型是在中场投放了 5 名队员，中场队员人数相对占优势。采用这种阵型的球队，一般是实力强于对手，运用压迫式打法向对手施加压力。中场 5 名队员在进攻和防守时都可以抽调人员前压或者后退，阵型变化比较灵活，但对边卫的能力要求较大。

前场防守，由于该阵型的中场人数比较多，所以 2 名边前卫和 1 名中前卫会经常联合 2 名前锋在前场展开积极主动的抢、断和合力围抢对手，一旦断球成功则立即展开连续攻击等。

中场防守，同样，中场队员在中路或边路展开配合防守，以阻止对方通过中场向前推进，拒敌于后场之外，使对手很难越“雷池”一步，以增加后场的安全性及加大对手的压迫感。

后场防守，一旦对手攻到后场，2 名边前卫负责边路防守，变成 5–3–2 阵型，2 名中后卫负责盯死对手前锋，另 1 名拖后中后卫负责镇守门前重地，并随时补防两个侧路。而 3 名中前卫应根据赛前分工，明确个人职责，如盯人、防插上和防远射等。在整体防守时，切忌 3 个场区人员各自为战，3–5–2 阵型一般由前卫队员将前后场串联起来。

第五节　足球队的组建与机构

足球是一项集体运动项目，足球运动的水平是通过球队的比赛结果体现出来的。组建足球队的中心任务就是将运动员组成一个具有凝聚力和强大实力的整体，通过训练提高运动员的竞技水平，在比赛中取得优异成绩。

由于足球对抗的激烈性、同伴间行动的协同性、攻防转换的联系性、战术打法的灵活性、场上队员分工的差异性以及主力队员与替补队员之间的衔接性，决定了足球队的组建必须充分考虑到这些特点与规律。特别是职业足球俱乐部，球队水平的高低对俱乐部的兴衰有着举足轻重的作用。因此，在组建足球队时，应该注意如下几个要点。

一、组队的原则与方法

（一）组队原则

1. 保证最高的实力水平

在组建足球队时，首先要根据球队的目标，保证球队拥有最高的整体实力水平，才能在比赛中取得优异的成绩。在选拔队员时，必须考虑到队员的个体实力是最高水平的，也要考虑到群体结构、互相配合是最高水平的。因此，在选拔队员时要对队员的身体形态、机能、身体素质、技术水平、战术素养、心理品质以及健康状况等诸方面进行综合评价，择优录取。对有特长、有绝活的队员在条件许可的情况下应优先考虑，以使其能组成最强阵容的球队，并发挥出最大的功能。如中国足球超级联赛的华夏幸福足球俱乐部，为了在中国足球超级联赛上站稳脚跟，引进了罗马巨星热尔维尼奥、阿根廷国脚拉维奇以及曾效力于国际米兰和尤文图斯足球俱乐部的阿尔纳内斯，使得三条线的实力进一步均衡发展。同时，该队在 2017 年的中超联赛中也进入了夺冠球队的行列。

在具体组建球队的方式上，若是组建混合队（如国家队），可以采用集中各俱乐部中的优秀队员组成代表本国最高水平的队伍，通过训练组合搭配成最佳阵容，大多数的国家足球队就是这样组成并参加世界杯等洲际大赛的；也可以选择以冠军队为主体，吸收其他少数队伍中的优秀队员组成代表队参加国际比赛，如我国参加世界室内五人制比赛，就是采用以冠军队为主组队的方式。用这两种方式组队各有特点，前者实力雄厚，但需要时间，一般适用于准备期较长的比赛；后者队员之间比较熟悉，配合默契，但未必能保证是最强实力，这种方式比较适用于准备期较短的比赛。

2. 致力于能力全面的队员

在比赛中为了实现对球的控制，必须对对手、对场内特定的区域、对比赛的速度等在时间和空间上实行全方位的控制，所以队员间身体冲撞、贴身紧逼、带球突破、争顶高球、凶猛抢截等多种形式的对抗越来越多，技术的进步、阵型的变化、战术的发展，对队员运动竞技能力全面化的要求也越来越高，使得足球运动需要“全面型”运动员。所以在组队时，应力求选择那些技术、战术、身体、心理发展全面且能攻善守的队员。

3. 保证人员构成的合理

现代足球经过了一个多世纪的发展，特别是自20世纪70年代的“全攻全守”战术问世以来，场上队员的分工、队员技战术的全面性都发生了变化。但足球比赛攻与守的矛盾、得分与反得分的争夺、控制与反控制的较量仍是主要的矛盾，因此，在组建足球队时，必须全面考虑足球运动的发展趋势，进行合理的组合。

在足球比赛中，上场的11名队员都有不同的位置和分工，各有自身的职责，因此，在人员结构安排上，要充分考虑到锋线队员、中场队员、后场队员以及守门员都要有一定的比例，在每个重要位置上要配备两名以上队员形成合理的主力和替补结构。如德国队后防线上有博阿滕、胡梅尔斯，中场有克罗斯、厄齐尔，锋线有克劳泽、穆勒等，此外，老将施魏因斯泰格也发挥着不可替代的作用。同时，还应重视选拔有某些技术特长，能为教练员适时改变战术，并能出奇制胜的选手。如稳定军心的诺伊尔等。

4. 建立科学的青少年培养体系

一个球队的强弱兴衰不但表现在现有的实力水平上，而且还反映在未来的发展前景上。有的队员可能由于比赛经验少、年龄小，现有水平没有达到理想状态，但其基本条件、训练水平和精神状况都充满了生机与希望。而有的队员虽然近期表现出的水平较高，但年龄偏大或不求进取，潜力不大，发展前景就不容乐观。西班牙的巴塞罗那队，在保证球队实力的基础上，不断推出新人，才会有今天的梅西、哈维，才会在6年里取得3个欧洲冠军联赛的冠军。因此，在组队时，尤其是在组建青少年队伍时，一定要注重队员实力水平，着力挖掘青少年的潜力，才能保证球队水平的稳定提高，保持队伍的活力。

5. 拉近替补队员与场上队员的水平

足球比赛的职业化、商业化，使得比赛的场次明显增加，但给球队带来丰厚收入的同时，也使得队员的疲劳日益积累。很多优秀球队的队员，不仅要应付国内日益残酷的联赛，还要参加洲际比赛，体力严重透支，直接影响到比赛中的竞技状态及自己水平的发挥。因此，一支群体结构优良的足球队，不仅表现在主力队员水平高超，而且还应具有雄厚的替补力量。特别是在一些重要位置上，不至于因某一主力队员的离场而产生真空状态，使得全队战斗力明显下降。雄厚的替补力量不仅关系到球队在整个联赛期间能否保持高超的竞技水平，而且还可以根据比赛的需要在人员等方面做战略、战术上的调整。

如现在诸多欧洲强队为应付日益增多的三线作战，往往采用轮换出场制，部分主力出战国内联赛，部分主力专攻欧洲赛场，如皇家马德里俱乐部的本泽马专攻冠军杯赛，而贝尔则是联赛的主力前锋。如此一来，一方面可平息因球星太多而产生的主力与替补的矛盾；另一方面也可使球星避免因比赛太多所带来的疲劳影响竞技状态的正常发挥。

（二）组队方法

1. 依据教练员的设想

这种组队方法是根据教练员的指导思想、战术打法等设想，选拔符合教练员要求的队员组成一支球队。如巴塞罗那队的主教练员范加尔就是通过大量引进荷兰籍队员，从而使巴塞罗那队拥有荷兰国家队的风格，完成了范加尔教练员对巴塞罗那队的改造，使球队取得了不俗的战绩。

2. 依据比赛对手状况

这种组队方法是根据对手状况和教练员拟采用的比赛阵型和战术打法，去选拔最合适的队员组成球队。

3. 依据球队现有队员情况

这种组队方法就是教练员根据现有运动员的身体条件、技术特点及战术配合习惯来组织阵容和确定战术。如阿根廷队教练员比拉尔多组建的阿根廷国家队就是确定了以马拉多纳为中心的球星战术，并在世界杯比赛中取得了良好的战绩。

二、组队成功的核心要素

（一）具有特长的队员

完成技战术任务时，要有相互尊重且身体素质优良、敢于冒险的前锋队员；要有富有创造性、能通过运球和直接的威胁性传球瓦解对方防守的中场队员；要有相互协作、作风勇猛、动作简练的后防队员。

（二）权威性的队长

队长要有鲜明的个性，人品优秀、稳健，并能以身作则，有责任心，能始终保持高昂的训练热情且具有榜样作用。

（三）职责明确攻守均衡

在进攻、防守、攻防转换这三个足球比赛的重要时刻，队员要职责清楚、分工明确。攻守均衡和队员的个性与天赋是球队取胜的重要方面。

（四）战术执行力强

根据不同的对手、形势、任务和在比赛中的不同时刻，制定和实施不同的战略、战术。

三、足球队的管理机构与管理人员的职责

（一）足球队管理层次的构成

一支足球队必须要有一个坚强的领导核心，对球队进行管理和指导。球队的领导机构，可根据球队的水平和将要参加的比赛的性质做一些调整。一支足球队比较完整的管理机构是由主教练员、领队、助理教练员、情报人员和医务人员等若干人组成。为了做好工作，还可以组成由队长、各组组长参加的核心组（如图3—6所示）。

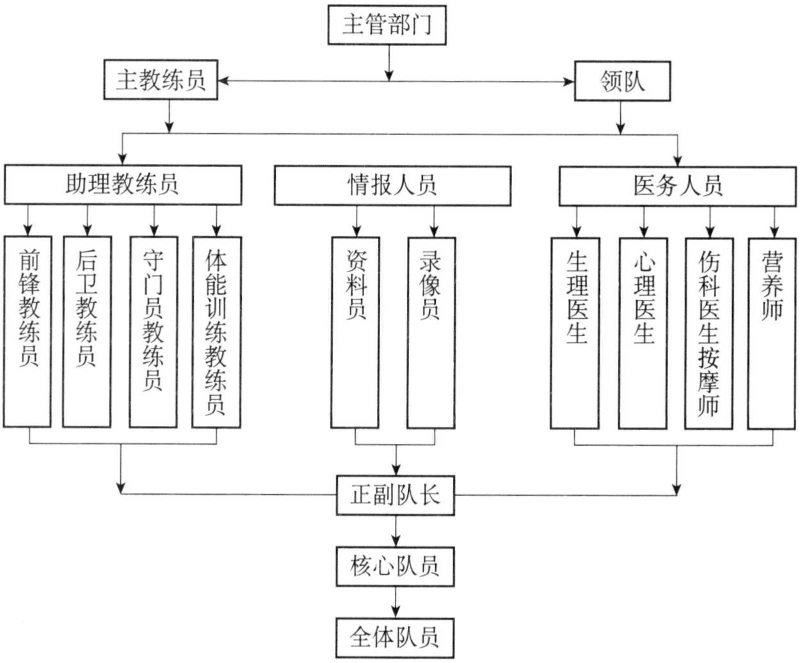

图3—6

（二）足球队管理人员的职责

1. 教练员的职责

教练员是球队的旗帜和核心人物。其他人员应配合教练员的工作，形成强有力的领导机构。教练员的职责是：

（1）选择助手，组成领导团队，明确职责分工。

（2）选拔队员，制订训练计划和比赛战术。

（3）分配队员全年和各比赛的报酬及奖金等。

2. 领队的职责

领队应当是一名优秀的社会活动家，一名强有力的思想政治工作者，其主要职责是协

助教练员做好球队的内外各项工作。

（1）协助主教练员做好思想政治工作，使全队思想一致，斗志昂扬。

（2）处理好各种矛盾，协调好各种关系，使球队其他领导人将精力放在球队训练、比赛中。

（3）加强上级领导与球队的联系。

3. 助理教练员的职责

完成主教练员分配的工作。前锋教练员负责全队的进攻和前锋、前卫队员的训练工作；后卫教练员负责全队的防守和后卫队员的训练工作；守门员教练员负责守门员的训练以及守门员与防守队员之间配合的训练工作；体能训练教练员负责全队的身体素质训练工作，并参与主教练员对训练计划中运动量安排的工作。他们都要根据主教练员的要求，做出实施方案。

4. 医务人员的职责

医务人员的中心工作是保证运动员的身体健康，在训练和比赛中顺利地完成教练员布置的各项任务。

伤科医生要处理运动员在训练和比赛中出现的急性伤病，及时救护，并负责其治疗过程；决定受伤队员伤愈后的恢复训练以及何时可以参加正常的训练和比赛。

按摩师在伤科医生的指导下协助其工作。

生理医生是协助教练员在训练中合理安排运动负荷，帮助教练员了解运动员对训练强度的反应，测定运动员的各项生理指标的变化，让教练员随时调整运动员的运动量，从而使训练取得最佳的效果，使运动员在比赛中发挥出最高的水平。

心理医生的职能是帮助队员承受训练和比赛带来的心理压力，利用特殊的训练手段来提高运动员各项心理素质，以保证在比赛中获得最佳的竞技状态。

营养师要根据不同的运动量合理搭配运动员的伙食结构，保证运动员在大运动量训练和高强度的比赛中发挥自己的全部水平，并能迅速消除疲劳。

（三）情报采集人员的职责

当好教练员的顾问与参谋，广泛地收集有关资料和情报，帮助教练员分析众多的对手，参与制定本队的作战方案。

对本队的训练、比赛做统计分析，根据需要对比赛进行录像。

在全队的领导机构中，以主教练员为核心，领队、助理教练员、医务人员、情报人员等都是主教练员的帮手，虽然各自都有各自的职能分工，但他们的工作并不是独立的，而是相互协作、相互关联和相互影响的。只有团结一致，共同努力，才能取得良好的战绩。

第六节　比赛成绩与竞技训练

比赛是训练效果的体现，乃是多年来足球训练的成功经验，也是现代足球比赛中普遍承认的定律，竞技训练过程是为了顺应创造优异成绩的需求而出现的，训练的宗旨也是在适应这一需求。

对比赛成绩结构充分认识，主要指对比赛成绩的组合因素在训练中的地位和相互间的关系等方面的理解。这样不仅有利于使教练员明确整个训练过程的重点任务，以及在分析任务内容的基础上对不同因素的区别对待，而且对整个训练过程中队员位置的确立、计划的安排、原则的运用、方法的设计等一系列具体训练环节，都具有理论与实践上的指导价值。

一、影响比赛成绩的主要因素

影响比赛成绩的主要因素通常有五个方面。

第一，一支球队想要在比赛中取得优异成绩，就必须有强大的整体实力，整体实力是取得比赛胜利的基础，只有队员在竞技能力和临场发挥能力优于对手时，才能取得比赛的胜利。因此，队员的竞技能力和临场发挥能力是影响比赛成绩的主要因素。

第二，比赛实际情况证明，教练员指挥水平、人格魅力、阅读比赛的能力直接影响比赛的结果。即便某队经过长期高质量的训练，队员的竞技水平也优于对手，但不能根据比赛进程合情合理地阅读比赛，做出有效的部署和调整，队员的竞技能力就得不到有效的发挥。

第三，客观环境因素影响队员的竞技能力，即使有些队员的竞技能力和状态良好，教练员执教能力突出，但对比赛的环境不适应（地势、气候、场地等客观环境因素），同样会造成队员竞技能力下降，达不到预期效果。

第四，裁判员是一场足球比赛的引导者，其执法能力和阅读比赛的水平对比赛成绩的影响可想而知。实力相当的两个队，裁判员判罚有偏差，比赛导向便会逆转。因而，裁判员的执法能力也是影响比赛成绩的重要因素。

第五，足球比赛中非人为因素（指意外、运气等因素）经常会左右比赛的胜负，也就是人们常常说的“冷门”，主要指的是客观存在于比赛中的一种随机的巧合，虽然是一种偶然或者不稳定的因素，但常会影响比赛的结果。因而，客观意外也是影响比赛成绩的不稳定的一种因素。

二、提高竞技能力是训练首要任务

运动员的竞技能力是影响比赛成绩的主要因素，也可以说是影响比赛成绩结构的基础因素，是起决定性作用的因素。两队比赛如果没有强大的竞技能力，实力相差悬殊，那么，其他因素也只能在一定范围内发生作用，弱队也很难战胜强队。从这个方面来讲，其他因素只是一种影响因素，即在两个球队竞技能力相当的情况下，其他因素才能表现出一定的作用。

第七节　足球战术的训练

一、战术训练的分类

根据战术训练的内容可以归纳成两类：第一类包括个人战术、局部战术和整体性的小型分队战术，这一类战术是每一个球队都必须要掌握的，即使是高水平的球队。第二类是全队战术和定位球战术，这一类战术要从本队的实际和参加比赛的需要出发，进行设计并训练。球队想要在比赛中成功地打出全队战术与定位球战术，一方面必须熟练地掌握这些套路并能灵活运用，另一方面必须娴熟地掌握与运用第一类战术。第一类战术训练是第二类战术训练的基础；第二类战术训练是第一类战术训练的延续与发展。

进行战术训练时，特别是上述第二类战术训练，必须遵守比赛的原则和个人战术戒律等。

足球训练是一种综合性训练，即把技术、战术、身体、心理诸因素的训练融为一体。在激烈争夺的比赛中每完成的一次精彩战术配合，都离不开优异的技战术、良好的身体素质与顽强勇敢的拼搏精神。因此，战术训练，特别是对抗性的战术训练，必须揉进上述诸因素，并应提出严格要求，才能不断提高战术训练的质量。

二、战术训练的内容

战术训练包括个人的、局部的、整体性小型分队的、全队的等，而每一种战术又有进攻与防守两个方面。

（一）个人战术的训练

技术在比赛中的运用即为个人战术。技术训练就是要正确掌握技术动作。技术运用于比赛中就不是单纯按动作规格完成动作，而是具有战术的目的去完成动作。技术与战术具有内在的联系，两者是不能分开的。因此，个人战术的训练要紧密结合技术的训练，技术训练中应提出战术的要求，如运球过人的教学训练，开始时教某一运球过人的技术动作，当有一定基础后就应提出运用到战术中，即个人战术方面的训练要求。在比赛中的什么情况下该用这一运球过人动作，什么情况下不该用，过人之后又该怎么办等等，这些问题都需要在个人战术训练过程中解决。由此可见，个人战术的训练不单是一个运球技术动作的问题。

任何一个技术动作应用于比赛中都有上述的战术内容。应该指出，虽然技术与个人战术具有内在联系，训练不能截然分割，但在训练的某一段时间或某一堂课中，侧重于技术或个人战术的要求仍是应该的，这要根据训练的任务来决定。

（二）局部战术的训练

局部战术的训练，除开始时就应明确跑动传球的路线外，还要特别注意提高个人战术的意识。如某一传切配合，用什么动作方法摆脱，跑位是什么时候该突然加速，传球队员如何与跑位队员在传球时机、落点、力量上配合默契，这些都应反复地进行训练。

局部战术作为一种基础，球队的每个队员都应进行训练，特别是青少年队的训练。局部战术是全队战术的一个组成部分，进行全队战术训练时，应经常拆成几个局部进行训练，并应反复练习这一配合。

（三）整体性小型分队战术的训练

当个人战术、局部战术有一定基础后，即可进行整体性小型分队战术的训练。这种战术训练最基本的内容是 1 对 1、2 对 2、4 对 4、8 对 8。整体性小型分队战术训练 1 对 1 是个人攻守能力的训练；2 对 2 是攻守战术配合基础的训练，进攻的二人要接应、支援、插上等，防守的二人要盯人、保护与补位等；4 对 4 是攻守战术阵型的训练，4 个人就可分成前锋队员、前卫队员、后卫队员，有了这三条线就有了阵型的雏形，就可以进行阵型的基本战术要求训练；8 对 8 是 4 对 4 的扩展，战况变化更多，更接近于正式比赛。整体性小型分队战术训练除上述基本内容外，还可进行 3 对 3、5 对 5、7 对 7 以及人数不等的 2 对 3、4 对 5 等内容的训练。

运用整体性小型分队战术训练，要防止单纯地用以提高兴趣、赛出胜负。

（四）全队战术的训练

每一个球队都应有几套行之有效的全队战术配合方法，并要长期反复地训练，达到队员之间配合默契、应用熟练。同时还要有与之相匹配的应变战术，以应对比赛中变化万千的战况。全队战术的训练开始时应拆成几个局部，在局部战术熟练的基础上再合并成套进行训练，成套训练熟练后再练应变的战术。

在制订全队战术时应考虑本队队员的技术、身体素质等方面的实际能力，并结合本队在比赛中采用的阵型，与本队的正选阵容相结合。同时还应考虑替补队员的位置，以使平时训练参与的队员也有上场参赛时的角色。

（五）定位球战术的训练

定位球战术的训练主要是对任意球、球点球与角球的训练，而任意球又以门前 30 米范围内的直接、间接任意球为主。定位球战术配合要根据本队队员的技术与身体素质进行设计和训练。

（六）控制节奏的训练

根据比赛场上双方攻守局势的需要控制比赛节奏是重要的战术原则之一。追求比赛速度与合理控制比赛节奏是足球竞技艺术性的体现，也是一支优秀球队的重要标志。追求比赛的速度与控制比赛的节奏是相辅相成的，它不仅要求队员的个人能力和比赛经验，而且要求全队的整体作战能力和整体比赛经验。教练员在训练中要狠抓队员的个人技战术意识，开阔视野，提高对比赛的阅读能力。此外，还要狠抓全队的整体配合、局部配合、比赛经验和应变能力，让队员在场上知道有球怎么踢，无球怎么跑；知道什么时候该跑快，怎么快；什么时候该跑慢，怎么慢。具备了上述能力，在比赛进行中的四个时刻，即本方控球时、对方控球时、由攻转守时、由守转攻时，队员知道该做什么，如何做。达到追求比赛速度与控制比赛节奏协调有序、调度合理的目的。

（七）攻守方向转移的训练

进攻时根据对方防守形势的变化，适时转移进攻方向，以突破对方防线，创造得分机会；防守时根据对方进攻形势的变化，适时转移防守方向，扩大防守纵深以保球门不失，是足球攻守战术的重要原则之一。

教练员在训练中要提高队员个人传、接、控、运、过和观察的意识与能力；提高队员无球跑动摆脱、接应、扯动、吸引等的意识与能力；提高整体传、接、控球能力，能够根据场上形势控制比赛节奏和转移进攻方向，能够形成一点控球、多点接应和把握时机创造转移进攻的整体战术意识。同时，要提高队员个人防守和全队整体协调防守的能力，在对方实施转移进攻战术时，能够及时转移防守重心，回防到位，快速形成防守纵深层次，做到层层设防、协防保护。

（八）结合比赛环境的训练

教练员在战术训练时要重视比赛实践中的常规原则，诸如什么时间、什么地点、什么情况下应采用安全稳妥的打法，如破坏球、大脚出球、战术性犯规等；什么时间、什么地点、什么情况下应采用突然性的三险打法，如个人强行突破、及时果断地把球直踢球门前要害区域、强行射门、突然大力远射等。精心设计、演练定位球攻防战术，能经常破门得分，被罚角球、任意球时不失分，教练员在战术训练中要注意培养队员的应变能力，同时要求队员会观察、分析对方的战术打法，采用有效方法瓦解对方强势、攻上对方弱势，争取战术上的主动权。

教练员在平时的训练中要演练几套不同的战术打法，在实战中根据比赛场上形势的变化及时变换战术打法。如领先时怎么打；落后时怎么打；场地条件差时怎么打；风中、雨中怎么打；对方被罚下或本方被罚下队员时怎么打；等等。在比赛前的准备会上要预先提出应变方案，临场时根据场上局势的变化，抓住关键问题及时采用预案或及时采取应变对策。

第八节　足球运动员的专项体能训练

一、足球比赛的特点

（一）争夺时空主动权

在比赛中，运动员为夺取时空优势，相互运用身体冲撞、贴身紧逼、带球突破及配合形式争取主动权。据统计，在当今世界的优秀球队比赛中，完成技术动作约 916 次，其中在对抗条件下运用技术 482 次，占总数 52.6%；在中场对抗条件下达 85% 以上；在对方 1/3 场区对抗条件下达 95%；在对方禁区达 100%。

（二）以高速度变换比赛节奏

在现代足球比赛的 60 分钟纯比赛中，双方进行约 300 次转换，平均 5 次 / 分钟。控球方在 25 秒内射门进球占总进球数的 91%，在 3 次以下传球将球射进占总进球数的 65.2%。

（三）战术上突出整体快节奏的攻守转换

（1）强大的中前场防守力量；（2）队形保持严密；（3）战术的灵活性；（4）超强的体能做保证。在世界高水平足球比赛中，运动员活动距离约为 9 000—14 000 米，其中冲刺跑达到 150 次，冲刺距离为 2 500 米以上，50% 的技术动作在高速对抗中完成，等等。

二、足球运动员体能特征

在足球比赛中，运动员体能的基本表现形式是活动距离，且距离长、强度大。在现代足球运动中，运动员活动距离为 9 000—14 000 米。活动方式包括走、慢跑、快跑，后两者的比例随着项目的发展而逐渐增加。根据我国足球科研人员对超级联赛的调查，跑动方式以5—15米冲刺跑居多。对近期我国男子足球队8场比赛的比赛时段的体能分配的统计：180次/分以上心率占比赛时间11.3%，150次/分以上心率占比赛时间70.4%，平均心率为156.9次/分。

在足球比赛中，运动员的主要体能特点：20世纪90年代初一些学者的研究结果比较认可有氧和非乳酸无氧体能，而对糖酵解体能（赛后血乳酸值仅为4—8MM）则没有特殊要求。英国里利·托马斯等研究表明，足球运动员每90秒内约有15米的冲刺跑，而非乳酸无氧体能起着重要作用。

三、足球运动员的体能训练

（一）力量素质

1. 发展颈部、上肢、肩背力量的练习

（1）两手扶头，在颈部转动时给予抵抗力。

（2）俯卧撑，可以双手撑在健身球上做。

（3）引体向上。

（4）卧推，水平、上斜、下斜、宽握、中握、窄握、正握、反握。

（5）哑铃/杠铃弯举。

（6）俯立哑铃臂屈伸，宽握、中握、窄握、正握、反握。

（7）杠铃俯立划船，单臂哑铃划船。

（8）坐在健身球上做杠铃颈后推举，宽握、中握、窄握、正握、反握。

（9）对坐，两腿分开，互抛实心球（先离心后向心）。

2. 发展腰腹力量的练习

（1）仰卧起坐（加转体）、仰卧举腿（斜板）。

（2）侧卧体侧屈、侧卧双腿上举、俯卧做体后屈（同时可抬腿）。

（3）跳起空中转体、收腹头顶球。

（4）肩负杠铃体前屈、转体。

3. 发展腿部力量的练习

（1）各种跳跃练习，立定跳、多级跳、蛙跳、助跑跳、肩负杠铃连续上跳、跨步跳、深跳。

（2）肩负杠铃提踵、半蹲。

（3）快速摆动大、小腿，可绑沙袋，也可采用橡皮筋增加阻力。

（4）远距传球、射门练习，骑人提踵。

（5）杠铃剪蹲步子跨大些：主要锻炼股四头肌、股二头肌和臀大肌；步子跨小些：主要集中锻炼股四头肌。

（二）速度素质

（1）各种姿势的起跑（10—30米）。

（2）在快速跑或快速运球中，听、看教练员信号，做急停、转身、变向、跳跃、翻滚等动作。

（3）利用快速小步跑、高抬腿跑、顺风跑、下坡跑、牵引跑等练习，突破速度障碍。

（4）全速运球跑、变速变向运球跑。

（5）绕杆跑、运球绕杆。

（6）利用简单的战术配合练习速度。

（三）耐力素质

1. 有氧耐力

（1）3 000米、5 000米、8 000米等不同距离跑。

（2）定时跑，如12分钟变速跑。

（3）穿足球鞋长距在足球场上跑。

（4）100—200米间歇跑，400—800米变速跑。

2. 无氧耐力

（1）30—60米重复多次冲刺跑。

（2）100—400米高强度反复跑。

（3）各种短距追逐跑。

（4）进行5、10、15、20、25米折返跑，往返冲刺传球。

（5）规定时间，做不同人数抢传练习。

（四）灵敏协调素质

（1）交叉步前进或后退练习，侧向移动练习。

（2）不同方式的跑动练习，快速后退跑、转身跑、快速跑动中看手势变向。

（3）各种翻滚与起动跑。

（4）两人冲撞躲闪。

（5）多种动作过障碍。

（五）柔韧素质

（1）颈前屈、侧屈、后屈并绕环，体前屈、侧屈、后屈并振动。

（2）前弓步和侧弓步压腿，纵劈腿和横劈腿。

（3）前踢腿、后踢腿、侧踢腿和腿绕环。

（4）站立体前屈下压，或靠墙站立体前屈下压。背伸、展腹屈体练习及腿肌伸展练习。

（5）模仿内外颠球动作，单双腿连续做内翻和外翻练习。模仿内扣和外扣动作，单腿连续做内转、外转动作。

（6）两腿交叉的各种跨步、转身动作。

（7）踢球、顶球、抢截球等各种技术动作，跪压正脚背（上体后仰轻轻振压）及全脚背着地的俯卧撑练习（主要拉长脚背韧带和小腿前肌群）。

（8）结合球进行大幅度振摆腿、铲球、侧身踢凌空球及倒勾射门等练习。

体能训练的计划要适应足球特点，训练内容、跑动距离、跑动类型、力量与耐力等对不同队员应有不同要求。上面主要从基础体能来谈，下面进一步结合专项特点主要谈力量训练、速度训练和耐力训练。

四、专项力量训练

（一）速度力量

练习强度：75%—90%；练习时间：5—10 秒；间歇：以完全恢复为宜；重复次数：4—6 次；练习组数：3—4 组。

（二）力量耐力

练习强度：60%—70%；练习时间：15—45 秒为宜；间歇：一般心率恢复到 120 次 / 分左右；重复次数：20—30 次；练习组数：3—5 组。

（三）专项速度训练

练习强度：95%—100%；练习时间：3—10 秒为宜；间歇：视训练目的而定，可完全恢复或不完全恢复；重复次数：6—8 次；练习组数：3—5 组。

（四）专项耐力训练

（1）有氧耐力训练分为持续训练法和小强度间歇法两种。持续训练法要求，练习强度：40%—60%；练习时间：25 分钟以上；距离：5 000—10 000 米。小强度间歇法要求，练习强度：70%—80%；练习时间：30—40 秒；间歇：要求不完全恢复，一般心率恢复到 120 次 / 分为宜；重复次数：8—40 次；练习组数：1 组即可。

（2）无氧耐力训练常采用次大强度间歇法训练。无氧耐力训练要求，练习强度：80%—90%，心率为 180—200 次 / 分；练习时间为：20—120 秒；间歇：要求不完全恢复，心率一般在 120 次 / 分左右；重复次数：12—40 次；练习组数：1—2 组。

第四章　足球竞赛规则与裁判方法

本章内容

一、比赛场地、球、队员人数与装备

二、裁判员与助理裁判员

三、比赛规则

四、越位

五、犯规与不正当行为

六、任意球、球点球、界外球、球门球

七、裁判方法

现代足球比赛的规则被认为源于英国的剑桥大学。19 世纪初，足球运动在欧洲、拉丁美洲已经盛行，但比赛规则五花八门。1835 年，在谢菲尔德成立了世界首个足球俱乐部。1848 年，剑桥大学制定了世界上第一个明文的足球规则——《剑桥规则》，以统一剑桥大学和牛津大学之间的比赛。

随着足球运动的发展，国际足球协会理事会（International Football Association Board，IFAB）成立，它主要是讨论和决定修改足球比赛规则的国际团体。国际足球协会理事会共有 8 名成员，其中 4 名分别代表现代足球发源地英国的 4 个足球协会——英格兰、苏格兰、威尔士和北爱尔兰足球协会，另外 4 名是国际足球联合会的代表。他们每年聚会两次，第一次于每年 2 月或 3 月举行，讨论修改足球比赛规则的相关事宜，称为会员周年会议（Annual General Meeting，AGM）；第二次于每年 9 月或 10 月举行，讨论内部事宜，称为周年财务会议（Annual Financial Meeting，AFM）。要更改一项规则必须有 6 名以上的国际足球协会理事会成员投票赞同才可以通过，而且国际足球联合会规定其 4 名代表必须投出相同立场的票（即全部同意或者全部不同意）才算有效票。

直至今日，国际足球协会理事会举办的会员周年会议已经超过 120 次，会议之后足球比赛规则也得到了发展和扩充，已经由起初的 16 条增加到现在的 17 章，形成了一个完整的、科学的体系，指导足球运动朝着正确的方向发展。

第一节　比赛场地、球、队员人数与装备

一、比赛场地

（一）比赛场地分布

比赛场地分布如图 4—1 所示，场地尺寸如图 4—2 所示。

（二）比赛场地规格与要求

比赛场地规格与要求是用线来标明的，其尺寸必须符合规则的规定，球场边线的长度为 90—120 米，球门线长度为 45—90 米，这些线作为场内各个区域的边界线包含在各个区域之内，所有线的宽度不超过 12 厘米，以 12 厘米为宜，同时还应符合球场各区线必须与地面齐平，不得做成凹线或者高出地面的凸线，并且颜色清晰，世界杯决赛阶段的比赛场地的边线长必须为 105 米，球门线长必须为 68 米。业余比赛会因为条件限制而有所区别，在符合比赛规则的前提下，可以根据实际情况进行一定的调整，但是边线必须大于球门线。

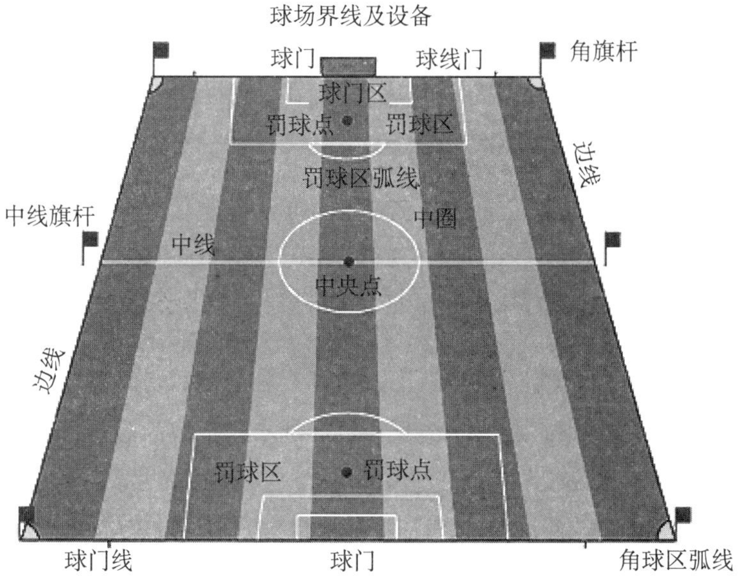

图 4—1

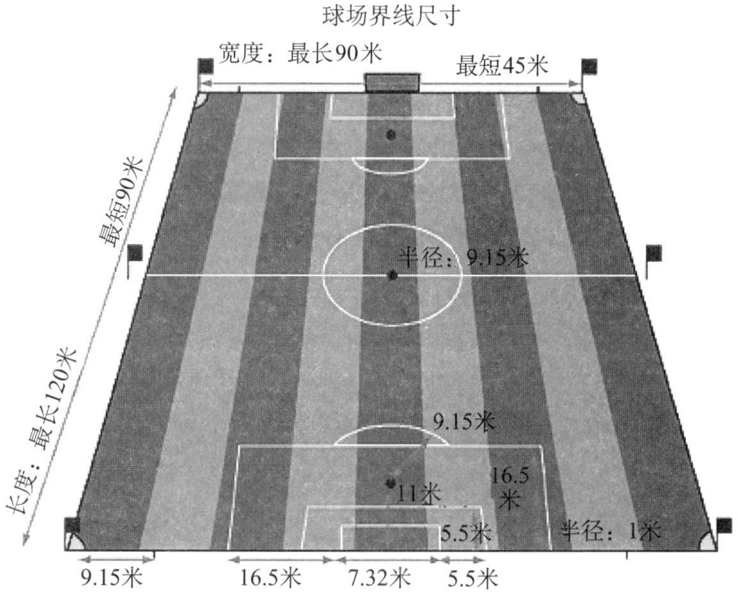

图 4—2

国际足联和洲际足联组织的比赛可以在天然草场地和人造草场地进行，但球场必须是绿色的，因为从生理学角度来讲，正常人的视野范围大小受面部结构和背景颜色等因素的影响。一般来讲，不同的背景颜色其视野范围是不一样的，即白色 > 黄色 > 红色 > 绿色。由于足球比赛场地大、参与人数多，而绿色的足球场可以进一步缓解足球运动员的视觉神经。因此，足球场的草地必须是绿色的，而且要软硬适当，以不影响球的正常运行和不伤害运动员的健康为准。

（三）比赛场地各区线的作用

1. 边线和球门线的作用

边线和球门线规定了运动员的基本活动范围，在比赛开始后，运动员未经裁判员允许不得随意进出比赛场地；

界线的作用，球的整体无论从空中还是地面出球门柱以外的球门线或者边线，都要分别以踢球门球、角球，掷界外球的形式来恢复比赛；

球门柱以内的球门线是判断是否进球的标准线；

在对方踢罚球区内的间接任意球时，如果球距离球门线不足 9.15 米，则允许防守队员站在球门线上防守；

在执行球点球时，防守方的守门员应站在两球门柱间的球门线上。

2. 球门区的作用

从距每个球门柱内侧 5.5 米处，画两条垂直于球门线的线，这些线伸向比赛场地内 5.5 米处，与一条平行于球门线的线相连接。由这些线和球门线组成的区域范围就是球门区。

球门区的作用：

在罚球门区内踢任意球时，可以在球门区内任何地点踢球门球及本方的任意球；

当球在球门区内时，裁判员需令比赛停止。若以坠球恢复比赛时，则应在离停止比赛时球所在地点最近的且与球门线平行的球门区线上坠球；

凡在对方球门区内踢间接任意球时，应在离犯规地点最近的、与球门线平行的球门区线上执行。

3. 罚球区的作用

从距每个球门柱内侧 16.5 米处，画两条垂直于球门线的线，这些线伸向比赛场地内 16.5 米处，与一条平行于球门线的线相连接。由这些线和球门线组成的区域范围就是罚球区。

罚球区的作用：

守门员在本方罚球区内可以用手触球；

队员在本方罚球区内犯规且可判为直接任意球的 10 种犯规中的任何一种时，都应判罚球点球。

踢球门球或在本方罚球区内踢任意球时：

（1）对方应退出罚球区；

（2）必须把球直接踢出罚球区，比赛才能恢复。

4. 角球区弧线、角旗杆的作用

在比赛场地内，以距每个角旗杆 1 米为半径画 1 个 1/4 圆。踢角球时，球的整体必须放定在角球区弧线内。角旗杆是场地四周的标志，垂直竖于边线与球门线外沿的交接处。在比赛场地外，距角球区弧线 9.15 米且垂直于球门线处做一个标记叫 9.15 米限制线，以保证在踢角球时守方队员能退出的距离。

5. 罚球点和罚球弧的作用

在每个罚球区内距球门柱之间等距离的中点 11 米处设置一个罚球点，在罚球点球时，球必须放定在罚球点上。在罚球区外，以距每个罚球点 9.15 米（10 码）为半径画一段弧线。在罚球点球时，除主罚队员与对方守门员外，其他队员均须在该罚球区外和罚球弧线外。罚球弧线内的区域和罚球区属于两个不同的区域。

6. 中线、中点、中圈的作用

两条边线的中点相连接为中线，中线把全场划分为两个相等的半场。中线的中点为开球点，以中点为圆心，以 9.15 米为半径画一圆为中圈。

开球时球必须放定在中点，双方队员必须站在各自半场；守方队员必须站在距球 9.15 米的中圈外；当裁判员鸣哨后，球被踢出并向前移动时，比赛方为开始，这时双方队员可进入对方半场。

7. 球门和球门网的作用

球门必须放置在每条球门线的中央，它由两根距角旗杆等距离的垂直的柱子和连接其顶部的水平横梁组成。两根柱子之间的距离是 7.32 米，从横梁的下沿至地面的距离是 2.44 米。球门网的作用是帮助裁判员判断球是否进门。球门网应系在球门及球门后面的地上，并要适当撑起以不影响守门员的活动。球门柱和横梁必须是白色的（如图 4—3 所示）。

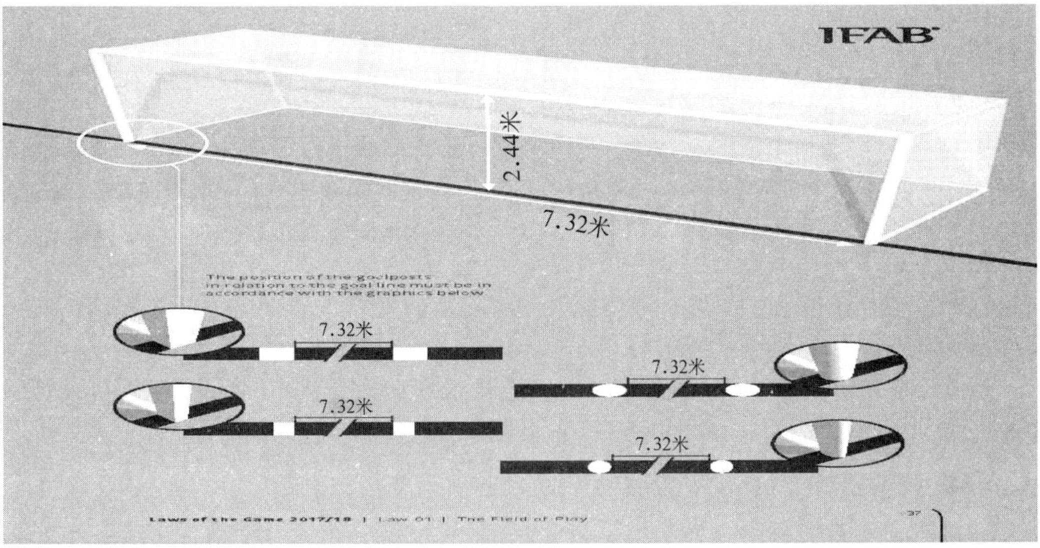

图 4—3

（四）裁判员在比赛前应如何检查比赛场地

检查比赛场地的各区域、各条线、中点和罚球点是否已画出；尺寸是否符合比赛规则的要求；场地和场地设施是否安全；球门网和球门以及球网与地面的连接是否牢固，有无漏洞。场地内是否有不符合比赛规则要求的设备或广告等。

重点规则

- 在国际比赛和世界杯决赛阶段，比赛场地长度为 105 米、宽度为 68 米。
- 在场地必须竖角旗杆。
- 球门的高为 2.44 米，宽为 7.32 米。

二、球

（一）比赛用球的标准和尺寸

1. 比赛用球的规格

足球比赛是围绕球来进行的，球是否符合标准直接影响着队员和球队技战术水平的发挥，影响比赛的观赏性。因而，在比赛开始前，所用的球必须符合规则的规定，球的颜色必须明显区别于比赛场地的颜色，用皮革或适当材料制成，球的周长为 68—70 厘米，重量在比赛开始前不得多于 450 克、不得少于 410 克 ，球的气压为 0.6—1.1 个大气压，一般采用标准为 0.9 个大气压（如图 4—4 所示）。

图 4—4

2. 在世界杯等足球比赛中的用球标准

在正式的世界杯足球赛或者洲际足联的正式比赛中，所用的球必须符合“国际足联批准”“国际足联监制”“国际比赛球标准”（如图 4—5 所示），其中“国际足联批准”的用球标准最高，世界杯比赛用球就必须符合这个标准。

图 4—5

3. 对用球气压的测试

（1）撞击性。

测试时用 50 公里 / 小时的速度撞击球 3 500 次，以确定气压和形状无明显变化。

（2）吸水性。

在一个水容器中挤压和旋转 250 次后，“拖泥带水”的足球重量不得超过比赛前重量的 4.5%。

（3）稳定性。

为了增加足球各项指标要求的稳定性和牢固性，足球由 32 块拼块减少到 14 块拼块。

4. 多球制

一场正式的足球比赛，由裁判员负责用球必须符合规则要求，同时在一场比赛中为了提高足球比赛的流畅性、观赏性，一般采用多球制，根据场地条件的不同，一般用 10 个足球。

（二）裁判员应如何处理在比赛过程中破裂或损坏的球

首先要停止比赛，更换的球在原球损坏时所在地点以坠球方式重新开始比赛。但如果是原球处于球门区内时停止比赛，那么裁判员要用更换的球，在与球门线平行的球门区线上找到距离原球所在地点最近的位置以坠球方式重新开始比赛。

在罚球点球或在以罚球点球决胜期间，如果球在向前移动后未触及任何队员、球门横梁或立柱就发生了破裂或损坏，那么就要重罚球点球。

如果在开球、球门球、角球、任意球、球点球或界外球等处于死球状态时，球发生了破裂或损坏，那么就依照相应的方式重新开始比赛。

在比赛中未经裁判员许可不得更换球。

重点规则

- 正式比赛采用多球制，需有 10 个比赛用球。
- 在比赛中如发现球的气压不足，球员有权要求更换比赛用球。
- 在国际足联和洲际联合会主办的比赛中，应使用带有“国际足联批准”“国际足联监制”“国际比赛球标准”三种标志之一的比赛用球。

三、队员人数

（一）比赛对参赛人数的基本要求

在一场比赛中应有两支球队参加，每支球队上场队员人数不得多于 11 人，且其中必须包括 1 名守门员（裁判员不能允许在没有守门员的情况下进行比赛）。如裁判员发现任何一支球队有 12 人参加比赛，应立即停止比赛，令擅自进场的替补队员离场并予以警告。

如有任何一支球队人数少于 7 人，则比赛不能开始。

裁判员有权在比赛开始前将违反规则规定的队员罚令出场，并且只允许从提名替补队员中选 1 人进行比赛，该队员不计入替补队员名额。比赛开始后（包括中场休息、每个半场决胜期开始前），被罚令出场的队员不得进行替换。

各队在中场休息时，若需替换守门员，则必须在下半时比赛开始前报告裁判员并履行替补程序。如果中场休息时，某队替换队员未经裁判员允许，则在下半时比赛过程中，该擅换上场队员打进一球后被裁判员发现：

（1）当比赛尚未恢复时发现，应判进球无效，警告该队员，令其退场完成替补程序，由对方踢球门球恢复比赛。

（2）当比赛恢复后发现，应立刻停止比赛，警告该队员，令其退场完成替补程序，由对方踢间接任意球恢复比赛。

如果某队被替换下场的队员拒绝离开比赛场地，则裁判员应令该队队长劝其立即离开比赛场地。

如果裁判员在半场或者整场比赛结束后，发现被罚令出场的队员仍然在比赛场地内，则比赛后裁判员应向主办机构做出书面报告。

（二）替补队员人数

在球点球决胜时，除场上守门员受伤可由规定数额内的替补队员替换，否则一律不得替换队员。

1. 正式比赛

在由国际足联、洲际足联或成员足球协会举办的任何正式比赛中，每一球队最多可替换 3 名队员。赛事规程必须规定可以提名几位替补队员，人数应在 3 人到 12 人之间。

2. 其他比赛

（1）在国家队比赛中，最多使用 6 名替补队员。

（2）在其他赛事中，若符合下列条件即可增加替补队员人数。

第一，双方关于替补人数意见达成一致；第二，赛前就此事通知裁判员；第三，如果赛前未通知裁判员或双方未达成一致意见，则替补队员人数仍不得超过 6 名。

（三）替补程序

替换场上队员时，必须遵照下列规定：

替换队员之前必须先通知裁判员；只有等到被替补队员已离开球场，并且得到裁判员的许可信号之后，替补队员方可进入球场；替补队员应在比赛停止时，由中线处进入球场；当替补队员进入球场时，则替换程序已完成；替换程序完成时，替补队员成为场上队员，被替补队员不再是场上队员；被替换下场的队员不得再次上场比赛；所有替补队员无论上场与否，均在裁判员行使职权的管理范围之下。

重点规则

- 在一场比赛中，每队上场 11 名队员。
- 某队没有守门员不可以进行比赛。
- 某队在比赛开始时，只有 6 名队员上场参加比赛，裁判员应停止比赛。
- 在比赛中，队长的主要职责是管理好本队队员。

四、队员装备

（一）队员的基本装备

1. 队员的基本装备

带袖的运动衫或衬衫——如果穿着内衣，其袖子的颜色必须与运动上衣的袖子主色相同；短裤——如果穿着紧身内裤或紧身裤，其颜色必须与短裤主色相同；护袜——如果使用绷带或相似材料，其必须与所包裹部分的护袜颜色一致。除此之外，还需要护腿板、足球鞋等装备（如图 4—6 所示）。

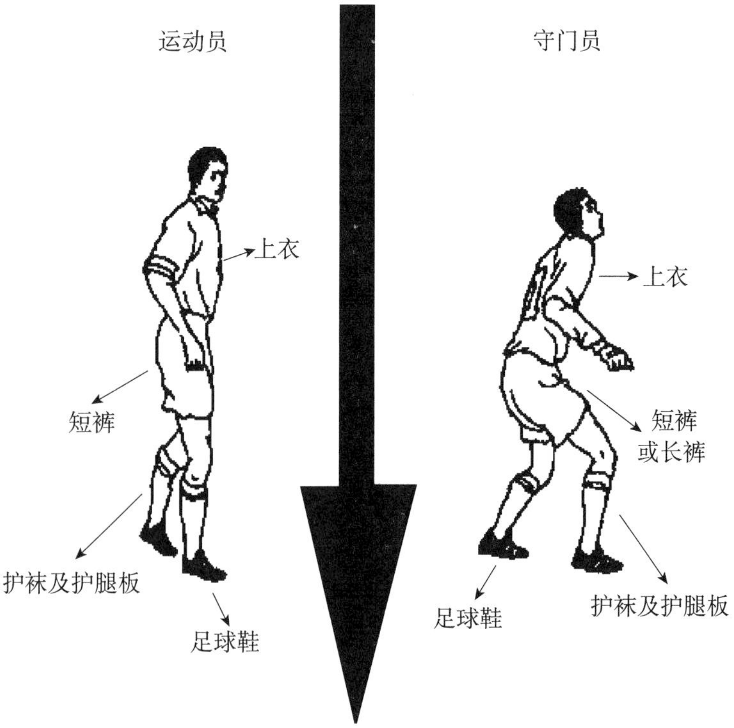

图 4—6

2. 对队员装备的要求

场上队员的上衣必须扎在短裤内，而且守门员的服装及球袜必须区别于本队队员和对方队员以及裁判员；队员身上不能佩戴任何饰品，如佩戴护具不得对自己和他人造成伤害，经裁判员许可佩戴后，方可上场参加比赛。

队员上衣背后、前胸和短裤前方均应有号码，并符合赛程规定，号码颜色与上衣、短裤颜色应有明显区别，队长应戴袖标。

（二）违规与判罚

凡遇任何因装备违反规则的情况，不必停止比赛，裁判员应指示装备违反规则的队员离开球场调整其装备；违反规则的队员应在下一个死球时离开球场，除非该队员已经调整好装备至符合规则；任何离开球场调整装备的队员，在获得裁判员允许前不可重新进场；裁判员允许队员重新进场之前，应先检查其装备是否已经符合规则；离开球场调整装备的队员只能在比赛成死球时方可进入比赛场地。

如果因违反规则而离开球场调整装备的队员，未经裁判员允许私自重新进入比赛场地，那么裁判员必须对其进行警告。

队员不得暴露有标语或广告的内衣。在队员的基本必备装备中不得有涉及政治、宗教和个人的言论。如果队员脱去球衣露出标语或广告，那么将会受到比赛主办单位的处罚；如果队员的基本必备装备有涉及政治、宗教和个人的言论，那么将会受到比赛主办单位或国际足联的处罚。

重点规则

- 队员的基本装备有球衣、短裤、球袜、护腿板。
- 守门员的服装颜色区别于双方队员及裁判员的服装颜色。
- 正式比赛的队长必须佩戴袖标。

第二节 裁判员与助理裁判员

19 世纪上半叶，在英国学校的足球比赛场上没有裁判员，对比赛中犯规行为的判罚是由参赛双方的足球队队长执行的。1863 年，足球场上出现了裁判员，但当时裁判员只能在场外执法，不得进入场内，而且只能靠喊叫和手势进行判罚。后来曾改以裁判员用锣声执法。1875 年，裁判员开始用哨执法。1891 年，确定裁判员是球赛的唯一执法者。后来裁判员由站在场外执法改到场内执法，并跟着球奔走在运动员中间，两个边裁判员作为助理裁判员，手里拿着巡边旗，协助裁判员的工作。2008 年，出现了球门线裁判员。在 2010 年世界杯中，为了更好地引导比赛出现了第四官员，并与助理裁判员、球门线裁判员一起来控制比赛。

一、裁判员

（一）裁判员的基本装备

在比赛前，裁判员首先要检查自己的装备是否带齐，只有带齐装备才能更好地引导比赛顺利进行。

裁判员的基本装备有：哨子、手表、红黄牌、挑边器、助理裁判员使用的手旗、裁判员上衣、短裤、球袜、球鞋、耳麦、任意球喷雾剂。

裁判员的服装必须区别于双方队员，而且还要保证基本装备的干净整洁，体现裁判员的素质和水平，并且为了使比赛顺利进行，裁判员的有些装备需要携带两套，比如哨子、红黄牌、手表等。

（二）裁判员的职责

每场比赛设有 1 名裁判员管控全场比赛，他具有执行与比赛相关的竞赛规则的全部权力。

- 裁判员与助理裁判员以及第四官员执行竞赛规则的同时，首先要确保比赛用球、队员装备符合规则的基本要求；其次还要记录比赛时间、比赛成绩、进球队员、出示红黄牌队员的号码等。
- 如果裁判员认为队员严重受伤，则停止比赛并确保将队员转移出比赛场地。受伤的队员只有在比赛重新开始后才能重新进入比赛场地，如果裁判员认为队员受轻伤，则应允许比赛继续进行，直至形成死球时再进行伤口处理。
- 确保受伤流血的队员离开比赛场地。受伤队员必须已经停止流血，并得到裁判员的允许后，方可重新进入比赛场地。
- 当继续比赛对被犯规的球队有利时，允许比赛继续。如果在那一时刻（一般指 2—3 秒）的“有利”没有发生，则判罚先前的犯规。
- 当 1 名队员同时有 1 种以上的犯规，应判罚其较严重的犯规。
- 裁判员不必立即向被黄牌警告和红牌罚令出场的队员进行处罚，但当接下来的比赛停止时必须执行。
- 向对自己行为不负责任的球队官员进行处罚，并可酌情将其驱逐出比赛场地及其周围区域。
- 对于自己未看见的事件，可依据助理裁判员、第四官员的意见进行判罚。
- 确保未经允许的队员进入或者离开比赛场地，可将对自己行为不负责任的球队官员驱逐出比赛场地。
- 在比赛停止后示意重新开始比赛。
- 向相关部门提供比赛报告，其内容包括在赛前、赛中、赛后对队员或球队官员进行的纪律处罚及发生的其他事件。

（三）裁判员的决定

裁判员根据比赛事实所做出的裁决，包括是否进球等比赛结果均为最终决定。只有在比赛尚未重新开始或尚未结束之前，裁判员可根据自己的判断，或助理裁判员和第四官员的意见，而改变确实不正确的决定。

（四）裁判员的手势

在国际足联制定的足球竞赛规则中裁判员的手势有 5 种，它们是直接任意球手势（如图 4—7 所示）、间接任意球手势（如图 4—8 所示）、继续比赛手势（如图 4—9 所示）、警告手势（如图 4—10 所示）和罚令出场手势（如图 4—11 所示）。另有 3 种通用手势在足球竞赛规则中没有规定，它们是球门球手势、角球手势、罚球点球手势。

图 4—7

图 4—8

图 4—9

图 4—10

图 4—11

重点规则

● 裁判员的基本手势是判罚直接任意球、间接任意球以及出示红黄牌等。

● 裁判员可以根据自己的判断，或助理裁判员与第四官员的意见，而改变原来的判罚决定。

● 队员受伤轻微时可以在场内护理。

● 在比赛中，队员同时出现一种以上的犯规，对较严重的犯规进行判罚。

● 裁判员可将对自己行为不负责任的球队官员驱逐场外。

二、助理裁判员

助理裁判员是裁判员的助手，他们依据足球竞赛规则协助裁判员引导比赛。

（一）助理裁判员的职责

每场比赛应委派两名助理裁判员，他们的职责由裁判员决定，对以下情况进行示意：

当球的整体离开比赛场地，应由哪一队踢角球、球门球或掷界外球；当处于越位位置的队员可以被判罚越位犯规时；当要求替换队员时；裁判员视线外的不正当行为或任何其他事件发生时；当有犯规发生（特别是这种犯规行为发生在罚球区内）且助理裁判员比裁判员观察角度更好时；当踢球点球时，守门员是否在球被踢出前离开了球门线，以及球是否越过球门线。

助理裁判员没有为球队捡球的义务。

（二）助理裁判员的旗示

国际足联制定的竞赛规则中有 3 种，它们是界外球旗示（如图 4—12 所示）；越位旗示（如图 4—13 所示），其包括远端越位旗示（如图 4—14 所示）、中间越位旗示（如图 4—15 所示）、近端越位旗示（如图 4—16 所示）；替换队员旗示（如图 4—17 所示）。另外有 3 种旗示为通用旗示，在竞赛规则中没有规定，它们是球门球旗示、角球旗示、协助犯规旗示。

图 4—12

图 4—13

图 4—14

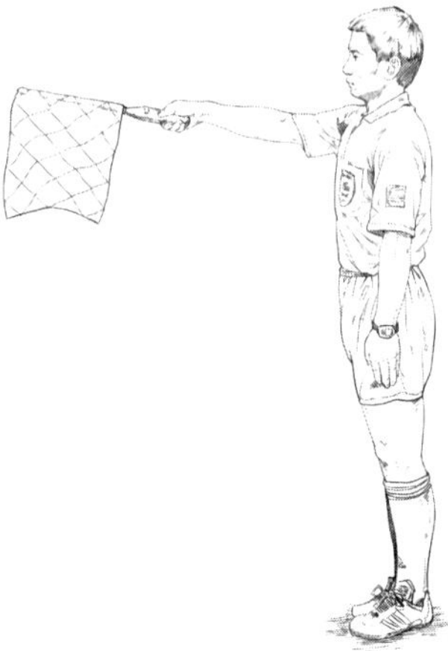

图 4—15

重点规则

- 助理裁判员的基本旗示，越位、掷界外球、替换队员等。
- 助理裁判员的职责是由裁判员决定的。
- 在每场比赛中，有两名助理裁判员协助裁判员顺利完成比赛任务。

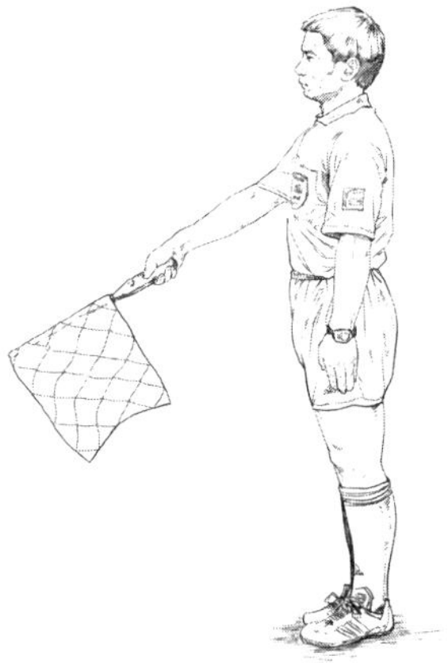
图 4—16

图 4—17

第三节 比赛规则

一、比赛时间

（一）比赛时间

比赛分为两个时间相等的半场，每半场 45 分钟。在特殊情况下，经裁判员和双方同意可以另外决定比赛时间。任何改变比赛时间的协议（如因光线不足，每半场减少到 40 分钟）必须在比赛开始之前制定，并必须符合赛事规程。

（二）中场休息

队员有中场休息的权利；中场休息不得超过 15 分钟；在赛事规程中必须注明中场休息的时间；中场休息时间的改变必须得到裁判员的许可。

（三）允许补充消耗的时间

在每半场比赛的以下情况中，损失的所有时间应予补充：替换队员、对队员伤势的估计、将受伤队员移出比赛场地进行治疗等浪费的时间，任何其他原因消耗的时间。补充消耗时间的多少由裁判员自行酌情决定。

（四）罚球点球

如果执行罚球点球或重新执行罚球点球，那么每半场的结束时间可延长至罚球点球结束。

（五）中止的比赛

除赛事规程另有规定外，中止的比赛应重新进行。

重点规则

- 一场正式比赛的时间为 90 分钟。
- 赛事规程可以更改每场比赛时间。
- 正式比赛的中场休息为 15 分钟。

二、比赛开始和重新开始

（一）开球的定义

在下列情况下，开球是让比赛开始或重新开始的一种方式：在比赛开始时；在一个进球得分后；在下半场比赛开始时；在加时赛两个半场开始时；开球可以直接射门得分。

（二）开球的程序

在比赛或加时赛开始之前，掷硬币，猜中的球队选择上半场进攻方向，另一队开球开始比赛；猜中的球队在下半场开球，下半场两队交换本方半场，向另一侧球门进攻。

（三）开球

一个球队进球后，由另外一个球队开球；所有队员必须在本方半场之内；对方队员距球至少 9.15 米直到比赛开始；球必须放定在球场中点上；裁判员给出开球信号；当球被踢并向前移动时，比赛即为开始；踢球队员在球触及其他队员之前不得再次触球。

（四）坠球

以坠球的方式恢复比赛的情况在现今的比赛中经常出现。例如：在比赛进行中，队员受伤；在比赛进行中，场内出现两个足球；在比赛进行中，观众进入场地；在比赛进行中，遇雷电和大雨；在比赛进行中，球场照明系统出现故障、球门立柱或横梁断裂等竞赛规则中未提到的原因而需要暂停比赛之后，裁判员应在比赛停止时球所在地点以坠球方式重新开始比赛。当球在球门区内比赛暂停时，在距比赛停止时球所在的地点最近的、与球门线平行的球门区线上坠球，比赛重新开始。

裁判员持球从腰部的高度让球自然下落，球一落地，比赛即为重新开始。如果裁判员坠球在球接触地面前被队员触及，应重新坠球；如果球在接触地面后未经队员触及而离开比赛场地，也应重新坠球。

重点规则

- 开球时，在裁判员鸣哨后，对方队员方可进入对方半场。
- 开球直接射入对方球门，算胜一球。
- 开球队员在开球后，球未经其他队员触及前再次触球，裁判员判对方罚间接任意球。

三、比赛进行及死球

（一）比赛停止

球整体无论从地面还是从空中，越过球门柱以外的球门线或边线以及裁判员发出信号时，都应停止比赛。

（二）比赛进行中

除比赛停止外的其他所有时间均为比赛进行状态，包括球从球门柱、横梁或角旗杆弹回场内，或球从比赛场地内的裁判员或助理裁判员身上弹回场内等（如图 4—18 所示）。

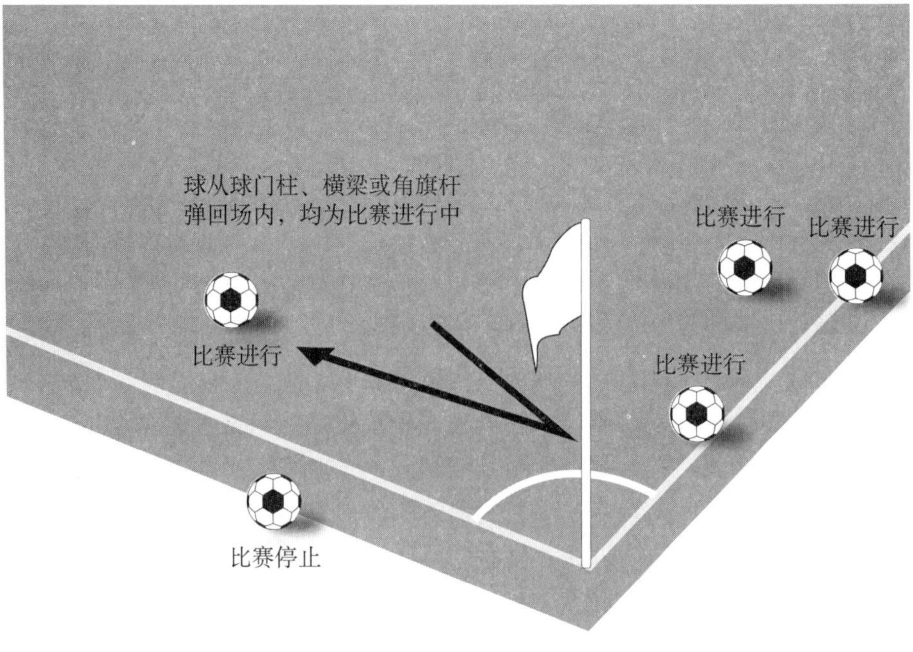

图 4—18

（三）裁判员停止比赛时

在裁判员停止比赛时，比赛即成为死球，包括规则提及的或者未提及的任何原因。

（四）比赛进行中，队员有犯规行为

如裁判员哨子损坏、滑落时，裁判员未来及判罚时比赛应继续，看到队员有犯规行为应以手势或者声音示意。

重点规则

- 比赛成死球，则停止比赛。
- 如果球的一部分在边线外，一部分在边线上，则比赛仍在进行中。

四、计分方法

（一）进球得分

当球的整体从球门立柱间及横梁下越过球门线，且攻进球的球队此前未违反竞赛规则，即为进球得分（如图 4—19 所示）。

图 4—19

（二）两队比赛成平局决定比赛胜利的方法

竞赛规则中应明确指出，比赛结束为平局时，是否采用客场进球原则、决胜期或者国际足球协会理事会同意的其他步骤（通常用球点球决胜负）来决定比赛的胜负。

重点规则

- 守门员接球时，把球压在球门线上，这不算胜一球。

- 守门员站在球门线外，而接住的球在球门线内，这算胜一球。
- 在比赛中，队员射门或传球时球触及场内裁判员身体而弹入球门，这算胜一球。

第四节　越　位

一、越位规则的起源与演变

越位规则的制订与改进，对足球技战术的发展起到了很大的促进作用。

在 19 世纪的足球比赛中，观众常常看到这样一个场面：在一方发起进攻时，攻方队员大部分已经集中到对方门前，准备接到来球就起脚射门，所以两队的比赛主要集中在球门前，很少有精彩的配合。为了调整这种过分不平衡的攻守关系，使比赛更为精彩。1870 年，英国足协制定了越位规则，规定队员踢球时，处于球前面接球的同队队员和对方端线之间至少要有 3 名防守队员才不算“越位犯规”。1880 年后，又增加了“直接接得球门球不存在越位；直接接得角球没有越位”的规定。1907 年，规定在本方半场不得越位。为了改变球场上消极防守的现象，鼓励多进攻，国际足球协会理事会在 1925 年接受建议，做出新的规定，把原来接球队员与对方端线之间有 3 名防守队员就不算“越位犯规”，改为有两名防守队员就不算“越位犯规”，这个修改对足球运动的发展起到了极为重要的作用，导致了一场“战术革命”。接着，英国人发明了“WM”式战术阵型，使得足球运动趋于攻守平衡，该阵型曾长期在世界足坛盛行。

近几十年来，越位规则没有什么大幅度的修改。但随着足球运动的发展，此条规则有所补充，并不断加以完善。

二、越位的概念

在比赛进行中，进攻队员在对方半场，该队员较球更接近对方球门线，且该队员与球门线之间的防守队员不足两人时，即为越位。

三、越位位置

队员仅处于越位位置本身并不是犯规。首先，队员处于越位位置（这是判罚越位的第一个环节）；其次，队员较球和倒数第二名对方队员更接近于对方球门线。

以攻方队员身体的哪一部分来判断攻方队员比球更接近于对方的球门线或比对方倒数第二名队员更接近于球门线？以身体的哪一部分超前了来衡量、来判断呢？

“接近于对方球门线”的意思是指头、躯干和脚的任何部分比球和对方倒数第二名队员更接近于球门线，手臂不包含在内。因为足球比赛是用头、躯干和脚来完成的，如果它们更接近于对方的球门线，就很可能算越位，而如果仅手臂在前是不能算越位的。

四、队员不处于越位位置

队员在本方半场内；队员齐平于倒数第二名对方队员；队员齐平于最后两名对方队员。

五、判断该队员处于越位位置的时间

在同队队员踢或触及球的一瞬间，判断该队员是否处于越位位置，并应判罚越位犯规；而不是在该队员接球时。

六、越位犯规的判罚

处于越位位置的队员，在同队队员踢或触及球的一瞬间，如果裁判员认为其就下列情况而“卷入”了现实比赛中，则判罚越位犯规：干扰比赛，或干扰对方防守队员，或利用越位位置获得利益。“干扰比赛”指参与传递或触到同队队员传来的球。“干扰对方”指通过明显的阻挡对方视线或与对方争抢球，以阻止对方触球或可能触球。在越位位置获得利益是指处于越位位置的队员接得：（1）从球门柱或横梁弹回的球，或从对方队员身上弹回或变向的球；（2）从对方队员有意识防守而弹回或变向的球。

处于越位位置的队员，接得对方队员故意传出的球（有意识救球情况除外），不能认为是获得利益。

七、不犯规

如果队员直接接到球门球、界外球、角球等，则没有越位犯规。

八、违规与判罚

对于一方越位犯规，裁判员应判给对方在犯规发生地点踢间接任意球。

重点规则

● 队员不处于越位位置的情况：队员在本方半场内；队员齐平于倒数第二名对方队员；队员齐平于最后两名对方队员。

- 处于越位位置的队员构成越位犯规，判罚间接任意球。
- 处于越位位置的队员直接接得球门球、界外球、角球，不判越位犯规。

第五节　犯规与不正当行为

足球比赛是对抗性强、身体接触频繁、争夺激烈的运动项目。在比赛中，绝大多数技战术行动是在攻守双方直接的身体接触中完成的。对抗必须是符合体育精神、遵守规则、合理的身体对抗。因此，要求裁判员必须善于识别合理动作与犯规动作，正确区分勇猛顽强与粗野行为，依据规则有关条款严格执法。如今队员犯规动作变得越来越隐蔽，所以裁判员应更加职业化。

一、直接任意球

裁判员认为，队员草率地、鲁莽地或使用过分的力量实施了下列十种犯规中的任意一种，则判给对方踢直接任意球。

（一）踢或企图踢对方队员

图 4—20

图 4—21

如图 4—20 所示，在白衣队员运球时，黑衣队员用脚踢对方的腿，则判白衣队员踢直接任意球。如图 4—21 所示，在白衣队员运球时，黑衣队员踢对方队员的腹部，属犯规行为，则判白衣队员踢直接任意球。

（二）绊或企图绊对方队员

如图 4—22 所示，白衣队员运球时，黑衣队员用脚勾绊白衣队员的踝部，使其失去控制球的能力，属绊摔犯规，则判白衣队员踢直接任意球。

图 4—22

（三）跳向对方队员

图 4—23

图 4—24

如图 4—23、4—24 所示，在白衣队员跳起头顶球时，黑衣队员跳起冲撞对方背部，属犯规行为，则判白衣队员踢直接任意球。

（四）冲撞对方队员

图 4—25

图 4—26

如图 4—25 所示，这两名队员为合理冲撞。如图 4—26 所示，在白衣队员运球前进时，黑衣队员冲撞其背部，为不合理冲撞，则判白衣队员踢直接任意球。

（五）打或企图打对方队员

图 4—27

如图 4—27 所示，黑衣队员用肘击打白衣队员，属犯规行为，则判白衣队员踢直接任意球。

（六）推对方队员

图 4—28

图 4—29

如图 4—28、4—29 所示，在比赛中双方争抢球时，黑衣队员用手推开白衣队员，属推人犯规，则判白衣队员踢直接任意球。

（七）抢截对方队员

如图 4—30、4—31 所示，在比赛中，黑衣队员铲球时，铲白衣队员的膝关节、跟腱部位，属犯规行为，则判白衣队员踢直接任意球。

图 4—30

图 4—31

（八）拉扯对方队员

图 4—32

图 4—33

如图 4—32、4—33 所示，在比赛中，黑衣队员拉扯白衣队员的球衣、手臂，属于拉扯犯规，则判白衣队员踢直接任意球。

（九）向对方队员吐唾沫

在国际比赛和国内比赛中常有此类行为的出现，此行为属恶劣行为，应将该队员罚令出场，判对方在该队员犯规地点踢直接任意球。

（十）故意手球（守门员在本方罚球区内除外）

如图 4—34 所示，白衣队员在抢截球时，手臂自然放在身体的两侧，无附加动作，进攻队员将球踢在该防守队员的手臂上，属于无意手球，不判罚手球犯规。如图 4—35 所示，白衣队员主动用手触球，属于故意手球，应判罚手球犯规。

图 4—34

图 4—35

二、手球

（1）手球指故意用手或臂部与球接触。

（2）判罚手球犯规应考虑下列因素：手向球的方向移动、手和球之间的距离。手的位置靠近球并不意味着构成犯规，只有故意手球才构成犯规。

（3）用手中的物品（衣物、护腿板等）触球，被认定是手球犯规。

（4）用手掷出的物品（球鞋、护腿板等）击球，被认定是手球犯规。

三、犯规分三个级别

（一）草率地

队员在争抢球时没有什么预防措施，缺少注意力或考虑，其行为表现随意性强。如认定其行为草率，不必给予纪律处罚。

（二）鲁莽地

表示队员的行为完全不顾及对方的危险，或者因其行为带来了危险性结果。如以这种方式对待比赛，必须给予黄牌警告。

（三）使用过分的力量

表示队员使用远远超过其自身所需要的力量，并且使对方有被伤害的危险。如队员使用过分的力量，则必须被罚出场。

四、罚球点球

在比赛进行中，如果队员在本方罚球区实施了上述十种犯规中的任意一种，无论球在什么位置，都应被判罚球点球。

五、间接任意球

（一）间接任意球种类

如果守门员在本方罚球区实施了下列四种犯规中的任意一种，则将判给对方踢间接任意球。

用手控制球后，手持球超过 6 秒；二次触球（守门员在发出球之后，未经其他队员触及该球就再次用手触球）；用手触及同队队员故意踢给他的球；用手触及同队队员直接掷入的界外球。

裁判员认为，队员在出现下列情况时，也将判给对方踢间接任意球：

1. 以危险方式比赛

在比赛过程中，给对方及自己构成伤害威胁。如图 4—36 所示，在比赛中，黑衣队员正在用头顶球，白衣队员不顾黑衣队员的位置和顶球动作，用脚踢球，属于危险动作犯规，判由黑衣队员在白衣队员犯规地点踢间接任意球。

图 4—36

2. 阻挡对方队员行进

当球不在自己的争抢距离之内时，抢在对方合理路线内去阻挡、妨碍，使对方减慢速度或被迫改变方向。如果犯规队员与被犯规队员有身体接触则被判罚为直接任意球。如图 4—37 所示，白衣队员将球已运过黑衣队员，黑衣队员不去抢球，而是面向对方进行阻挡，属于阻挡犯规，判白衣队员在黑衣队员犯规地点踢间接任意球。

图 4—37

（二）阻挡对方守门员从其手中发球

当守门员准备用手抛球或用脚开球时，对方队员有意伸臂阻挡，或在其面前左右跨步干扰等，应判罚间接任意球。

（三）罚球地点

间接任意球在犯规发生地点执行。

六、纪律处罚

（一）纪律处罚的目的

有些犯规仅进行技术处罚，其力度是不够的。为了起到警示、教育、惩罚的目的就增加了黄牌、红牌的处罚。

（二）纪律处罚的对象

可出示红黄牌的对象：场上队员、替补队员、被替换下场队员可以被出示红牌或黄牌。

（三）可警告的犯规

如果队员实施下列犯规中的任意一种，将被警告并出示黄牌。

1. 非体育道德行为

例如：以鲁莽的方式进行比赛；战术目的破坏明显的进攻机会；佯装；等等。

（1）佯装的判罚。

在比赛中，该队员无人与其触及，自己主动倒地；或者在比赛中，攻守双方身体合理接触或正常的轻轻接触，该队员就主动倒地；或者该队员故意接触防守队员的身体后倒地，如自己扑向对方身体后倒地，故意接触防守队员的腿、脚后倒地。

（2）欢庆进球时，队员如果有下列表现必须警告。

裁判员认为，队员做出的姿势具有挑拨性、嘲笑性和煽动性；或者在进球后，队员爬上了球场附近的围栏庆祝；或者脱去上衣或用上衣将头遮住；或者用面具或类似物品遮住头部或脸面。

2. 以语言或动作表示不满

3. 持续违反规则

在短时间内连续违反规则至少两次或者以上。

4. 延误比赛重新开始

对于比赛过程中出现的队员故意延误时间，以利本队，是非体育道德行为。延误比赛重新开始的基本表现形式：

故意把球放在错误地点踢；准备掷界外球时，又把球交给队友来掷；故意延长踢任意球、球门球、角球或掷界外球的时间；被替换下场的队员，迟迟不离场；故意夸大受伤程度，倒地不起；在裁判员停止比赛后故意碰球，引起冲突者将被出示黄牌警告；当以踢角球、任意球或掷界外球的方式重新开始比赛时，不遵守规定的站位距离；未得到裁判员许可，进入或重新进入比赛场地；未得到裁判员许可，故意离开比赛场地。

（四）罚令出场的犯规

如果队员、替补队员或被替换下场的队员实施下列七种犯规中的任意一种，将被罚令出场。

（1）严重犯规。队员故意用过分的力量，或用野蛮的行为与对方队员争抢球。

（2）暴力行为。如果队员的行为目的不是对球，而是使用过分的力量或野蛮的方式与对方队员争抢。

（3）向对方队员或其他任何人吐唾沫。

（4）故意用手球破坏对方的进球或明显的进球得分机会（不包括守门员在本方罚球区内用手球）。

明显的进球得分机会应考虑以下因素：地点与球门的距离、掌握或控制球的可能性、进攻的方向、守方的位置和人数。

阻碍对方明显进球得分机会的犯规可以是一种为直接任意球或间接任意球的犯规。简单来讲就是：攻方一队员控制着球，并且向对方球门方向前进，该队员突破防守，其他防守队员都在该队员身后，或该队员仅面对最后一名防守队员时。

（5）用可能被判为任意球或球点球的犯规，破坏对方向本方球门移动着的明显的进球得分机会。

（6）使用有攻击性的、侮辱的或辱骂性的语言或动作。

（7）在同一场比赛中得到第二次警告。

（五）被罚令出场的队员重新进入比赛场地

被罚令出场的队员、替补队员或被替换下场的队员必须立即离开比赛场地及附近区域。

（六）裁判员行使权力的时间

（1）裁判员从进入比赛场地直到鸣响终场哨后离开场地前，均有权对犯规队员进行纪律处罚。

（2）队员无论是在比赛场内还是场外，无论是直接对对方队员、同队队员、裁判员、助理裁判员还是其他人犯有应被警告或罚令出场的行为。

重点规则

- 守门员在本方球门区内可以被合理冲撞。
- 足球犯规的三个前提条件，队员草率地、鲁莽地或使用过分的力量实施犯规。
- 可出示红黄牌的对象：场上队员、替补队员、被替换下场队员可以被出示红牌或黄牌。

第六节　任意球、球点球、界外球、球门球

一、任意球

（一）任意球概念

裁判员吹罚犯规口哨后的罚球都是任意球，任意球分为：直接任意球、间接任意球两种。

（二）直接任意球

直接任意球可以直接踢入对方球门，判为主罚方得分。

（三）间接任意球

俗称两脚球，只有当球进门前触及过另一名队员才可算作得分。

如果间接任意球直接踢入对方球门，判为球门球。

如果间接任意球直接踢入本方球门，判给对方踢角球。

手势：当裁判员示意踢间接任意球时，应单臂上举过头，并保持这种姿势直到球踢出后触及其他队员或成死球为止。

（四）任意球的程序

无论是对于直接任意球还是间接任意球，主罚者踢球时球必须处于静止状态。踢球队员在球未触及其他队员前不得再次触球。

（五）任意球的位置

1. 在罚球区内的任意球

属于守方的直接或间接任意球，所有对方队员必须距球至少 9.15 米，且必须站在罚球区外直到比赛进行，当球被直接踢出罚球区时即为比赛进行，在球门区内获得的任意球可以在球门区内任意一点执行。

属于攻方的间接任意球，所有对方队员必须距球至少 9.15 米，直到比赛进行，除非他们站在本方球门柱之间的球门线上，当球被踢出并移动时即为比赛进行，在对方球门区内获得的间接任意球，必须在与球门线平行的球门区线上、距犯规地点最近的位置处主罚。

2. 在罚球区外的任意球

所有对方队员必须距球至少 9.15 米，直到比赛进行；当球被踢出并移动时即为比赛进行；主罚任意球的地点为犯规发生地点或者在犯规发生时比赛球的所在地点（根据犯规情况而定）。

3. 违规与判罚

如果当任意球踢出时，对方队员比规定距离更接近于球，应重踢任意球。

如果当守方在本方罚球区内踢任意球时，球未被直接踢出罚球区，应重踢任意球。

4. 由除守门员外的队员主罚任意球

如果比赛进行后，主罚队员在球触及其他队员前再次触球（用手除外），由对方在犯规发生地点踢间接任意球。

如果比赛进行后，主罚队员在球触及其他队员前故意用手触球，由对方在犯规发生地点踢直接任意球。

如果犯规发生地点在踢球队员本方罚球区内，将判对方踢球点球。

5. 由守门员主罚任意球

如果比赛进行后，守门员在球触及其他队员前再次触球（用手除外），由对方在犯规发生地点踢间接任意球。

如果比赛进行后，守门员在球触及其他队员前故意用手触球，如果犯规发生地点在守门员本方罚球区外，由对方在犯规发生地点踢直接任意球。如果犯规发生地点在守门员本方罚球区内，由对方在犯规发生地点踢间接任意球。

重要规则

- 如果踢间接任意球时，球直接进入对方球门，判对方罚球门球。
- 任意球可以向后踢。
- 罚任意球可以用单脚或双脚将球挑起执行。

二、球点球

（一）罚球点球的来历

罚球点球的规则是在 1891 年 1 月 3 日由爱尔兰足球总会正式明文规定的。罚球点球规则的出现与不断完善，约束了防守队员在罚球区内的行为，使之谨慎行事，便于进攻队员在罚球区内勇敢地传、控、射，大大地增加了足球比赛的魅力。在比赛进行中，防守方在本方罚球区内犯可判为直接任意球的十种犯规中的任意一种，应判罚进攻方球点球。踢球点球可以直接进球得分。在每半场比赛或加时赛上下半场即将结束时，应允许延长时间以执行完球点球。

（二）球和队员的位置

球必须放在罚球点上；主罚球点球的队员必须在主罚球点球前确认防守方守门员必须停留在本方球门柱间的球门线上，面对主罚队员，直至球被踢出；除主罚队员和防守方守门员外的其他队员必须处于：比赛场地内、罚球区外、罚球点后、距罚球点至少 9.15 米。

（三）罚球点球的程序

所有队员按照规则就位后，裁判员示意踢球点球；主罚队员必须向前踢球；在球触及其他队员前主罚队员不得再次触球；球被踢出并向前移动时即为比赛进行。

在比赛进行中，或者在上半场或全部比赛结束而延长时间执行或重新执行罚球点球时，如果球在越过球门柱间和横梁下之前遇到下列情况，应判定得分：该球触及任何一个或两个球门柱、横梁或者守门员。

由裁判员决定整个罚球点球的过程何时结束。

（四）违规与判罚

如果在裁判员示意执行罚球点球之后和进入比赛进行状态之前发生下列情况，则属违规。

1. 主罚队员在罚球点球时违反竞赛规则

裁判员允许踢出该球点球；如果球进入球门，应重踢球点球；如果球未进入球门，裁判员应停止比赛，由守方在违规地点踢间接任意球重新开始比赛。

2. 守门员违反竞赛规则

裁判员允许踢出该球点球；如果球进入球门，算作主罚方得分；如果球未进入球门，应重踢球点球。

3. 主罚队员的同队队员违反竞赛规则

裁判员允许踢出该球点球；如果球进入球门，应重踢球点球；如果球未进入球门，裁判员应停止比赛，由守方在违规地点踢间接任意球重新开始比赛。

4. 守门员的同队队员违反竞赛规则

裁判员允许踢出该球点球；如果球进入球门，算作主罚方得分；如果球未进入球门，应重踢球点球。

5. 攻守双方队员都有队员违反竞赛规则

应重踢球点球。

（五）球点球踢出之后

主罚队员在球触及其他队员前再次触球（用手除外），由对方在犯规发生地点踢间接任意球。

主罚队员在球触及其他队员前故意用手触球，由对方在犯规发生地点踢直接任意球。

球在向前运动时被场外因素触及，应重踢球点球。

球从守门员、横梁或球门柱弹回比赛场地内，接着被场外因素触及时，裁判员应停止比赛，在球触及场外因素的地点以坠球方式重新开始比赛。如果球在球门区内触及场外因素，裁判员应在与球门线平行的球门区线上，在距离比赛停止时球所在的位置最近的地点以坠球方式开始比赛。

重点规则

- 罚球点球时，需要明确主罚队员。
- 在比赛进行中的罚球区内，违反直接任意球的规则，被判罚球点球。
- 一队员执行罚球点球时将球向前传，让其同队队员跑上后射门得分，这种情况被允许。

三、界外球

（一）掷界外球的演变历史

早期对界外球的规定是“先到先得”。19 世纪 60 年代后，规定用手掷界外球，但要用单手掷。鉴于以上情况，苏格兰足球协会于 1882 年规定，掷界外球时，必须用双手持球，从头后经头顶掷出；1895 年进一步规定，掷界外球时双脚不准离地。

（二）掷界外球是重新开始比赛的一种方法

当球的整体从地面或空中越出边线时，判由最后触球队员的对方队员掷界外球。掷界外球不能直接进球得分。

（三）掷界外球的程序

在掷出球的一瞬间，掷球者应面向比赛场地，每只脚均接触边线或边线外的场地，双手将球从头后经头顶掷出，且从球越出边线处掷出；所有对方队员距离掷界外球地点不能近于 2 米。当球进入比赛场地，即为比赛进行。将球掷出以后，掷球队员在球触及其他队员前不得再次触球。掷界外球可以将球掷到对方或本方队员身上，随之继续比赛。

（四）违规与判罚

由除守门员外的队员掷界外球，如果比赛进行后，掷球队员在球触及其他队员前再次触球（用手除外），由对方在犯规发生地点踢间接任意球。

如果比赛进行后，掷球队员在球触及其他队员前故意用手触球，由对方在犯规发生地点踢直接任意球。如果犯规发生地点在掷球队员本方罚球区内，则判对方罚球点球。

（五）由守门员掷界外球

如果比赛进行后，守门员在球触及其他队员前再次触球（用手除外），由对方在犯规发生地点踢间接任意球。

如果比赛进行后，守门员在球触及其他队员前故意用手触球，如果犯规发生地点在守门员本方罚球区外，由对方在犯规发生地点踢直接任意球。如果犯规发生地点在守门员本方罚球区内，由对方在犯规发生地点踢间接任意球。

如果对方队员不正当地阻碍掷球队员掷球或分散其注意力，他将因非体育道德行为被出示黄牌警告。

重点规则

- 队员站在场外，掷场内的球，比赛进行中。

- 掷界外球不可以直接进球得分。
- 如果界外球直接掷进了本方球门，裁判员判对方罚球门球。

四、球门球

（一）踢球门球是重新开始比赛的一种方法

当球最后触及进攻方队员后，球的整体从地面或空中越过球门线，且根据规则不是进球得分时，应判防守方踢球门球。

球门球如果直接射入对方球门算作进球有效，但如果踢入本方球门则不算对方得分。

（二）踢球门球

由防守方队员从球门区内的任何一点踢球；进攻方队员应在罚球区外直至比赛进行；踢球队员在球触及其他队员前不得再次触球；当球被直接踢出罚球区，即为比赛进行。

（三）违规与判罚

如果球未被直接踢出罚球区，应重踢球门球。

（四）由除守门员外的队员踢球门球

如果比赛进行后，踢球队员在球触及其他队员前再次触球（用手除外），由对方在犯规发生地点踢间接任意球。

如果比赛进行后，踢球队员在球触及其他队员前故意用手触球，由对方在犯规发生地点踢直接任意球。如果犯规发生地点在踢球队员本方罚球区内，则判对方罚球点球。

（五）由守门员踢球门球

如果比赛进行后，守门员在球触及其他队员前再次触球（用手除外），由对方在犯规发生地点踢间接任意球。

如果比赛进行后，守门员在球触及其他队员前故意用手触球，如果犯规发生地点在守门员本方罚球区外，由对方在犯规发生地点踢直接任意球。如果犯规发生地点在守门员本方罚球区内，由对方在犯规发生地点踢间接任意球。

对于任何其他违反竞赛规则的，应重踢球门球。

（六）踢球门球程序

当球的整体无论从地面还是空中越过球门线，而最后触球者为攻方队员，且没有进球得分，则由守方罚球门球。

球必须被放在球门区内，由防守方从球门区内的任何一点踢球。此举是为了使比赛尽快恢复；球必须踢出罚球区，比赛方为开始，裁判员和助理裁判员要相互配合，仔细观察发球门球，以保证球被另外一个运动员接触之前已经被踢出罚球区；当球被踢出罚球区之前，进攻队员不能进入罚球区；当守门员把球传给在罚球区外的同队队员，有时进攻队员会迅速地跑进罚球区将球截下，这是不允许的，裁判员应当重新发球门球；球门球可以直接射门得分。

在罚球门球时应加强裁判员和助理裁判员的配合，常常有些裁判员、助理裁判员忽略了罚球门球时的相互配合，造成球门球没有符合规则就恢复比赛，从而引发争执。罚球门球时应注意：（1）球必须放定在球门区内；（2）球必须被直接踢出罚球区比赛才为恢复。

重点规则

- 踢球门球时，可将球放在球门区内任何地点。
- 球门球可以由守门员踢。
- 踢球门球直接射入对方球门，算进球得分。
- 踢球门球直接踢出罚球区后，被大风吹回进入本方球门，则进球无效。

五、角球

（一）角球概念

角球是重新开始比赛的一种方法。当球最后触及防守方队员后，球的整体在地面或空中越过球门线，且根据竞赛规则不算进球得分时，应判罚角球。

（二）罚角球的程序

必须将球放在离球出界处最近的角旗杆的角球弧内；不允许移动角旗杆，对方队员必须在距角球弧至少 9.15 米以外，直至比赛进行；必须由进攻方队员踢球；当球被踢出并移动时，即为比赛进行；踢球队员在球触及其他队员前决不允许再次触球。

（三）由除守门员外的队员踢角球

如果比赛进行后，踢球队员在球触及其他队员前再次触球（用手除外），由对方在犯规发生地点踢间接任意球。

如果比赛进行后，踢球队员在球触及其他队员前故意用手触球，由对方在犯规发生地点踢直接任意球。如果犯规发生地点在踢球队员本方罚球区内，则判对方罚角球。

（四）由守门员踢角球

如果比赛进行后，守门员在球触及其他队员前再次触球（用手除外），由对方在犯规发生地点踢间接任意球。

如果比赛进行后，守门员在球触及其他队员前故意用手触球，如果犯规发生地点在守门员本方罚球区外，由对方在犯规发生地点踢直接任意球。如果犯规发生地点在守门员本方罚球区内，由对方在犯规发生地点踢间接任意球。

对于任何其他犯规，应重踢角球。

重点规则

- 队员踢角球时，直接将球射入对方球门，算进一球。
- 踢角球时，球的整体从空中出界后旋转回到场内，算出界球。

第七节　裁 判 方 法

一、踢球点球决胜的程序

裁判员选定用哪个球门踢球点球；裁判员掷币，猜中的队长让本队选择是先踢还是后踢；裁判员对踢球点球的过程做记录；双方轮流踢；如果两队在踢满五次前，一队的进球数已多于另一队踢满五次时可能射中的球数，则不需再踢；如果两队均已踢满五次，双方进球数相同或均未进球，则按原顺序继续踢球点球，直至双方踢球次数相同，而一队较另一队多进一球时为止；在踢球点球决胜的过程中，如果一方守门员受伤不能继续守门，而且该队仍未用完赛事规程规定的最大换人名额，则可以使用已提名的替补队员进行替换；除上一条所述情况之外，只有比赛结束时（如果有加时赛即加时赛比赛结束时）在场上的队员才有资格踢球点球；每次应由不同的队员踢球点球，直至双方符合资格的队员均踢过一次后，方可踢第二次；在踢球点球决胜的过程中，符合资格的队员可以随时与守门员互换位置；在踢球点球决胜的过程中，只允许符合资格的队员和执法裁判员留在场内；除正在踢球点球的队员和两名守门员外，其他所有队员必须待在中圈内；正在踢球点球的队员的同队守门员，必须待在罚球区外的球门线与罚球区线交汇处的比赛场地上；除非另有说明，相关竞赛规则和国际足球协会理事会决议在踢球点球决胜时同样适用；比赛结束时，如果某队场上队员人数多于另一队，该队必须减去多出的人数使得双方队员人数一致，该队队长必须通知裁判员离场队员的名字和号码；所有离场队员不能参与踢球点球决胜；踢球点球决胜开始之前，裁判员必须确定留在中圈里是将要踢球点球的队员，并且双方队员人数一致。

二、技术区域

技术区域是与体育场内进行的比赛相关联，有供技术人员和替补队员使用的座椅。技术区域的大小和位置可以根据体育场的情况做适当改变，以下提供的是一般性指导：

技术区域的范围是指从替补席两侧向外延伸 1 米、向前延伸至距边线 1 米的区域，建议用标记线明确该区域，允许待在技术区域内的人数由赛事规程决定，在比赛前确认替补席内的具体人员，同一时间只允许 1 人在技术区域内进行战术指导，教练员和其他官员必须留在指定范围内，特殊情况除外，比如当场上队员受伤，理疗师或医生在裁判员的允许下进入比赛场地，教练员和其他在技术区域内的人员要对自己的行为负责。

三、第四官员和候补助理裁判员

赛事规程可安排一名第四官员，他在整场比赛中协助裁判员进行工作，并在 3 名裁判员中的任何一人不能继续工作时进行执法，除非已单独指派一名候补助理裁判员。比赛开始前，组委会一定要明确在裁判员不能继续担任临场工作的情况下，应由第四官员担任比赛的裁判员，还是由第一助理裁判员担任裁判员，而第四官员担任助理裁判员。

根据裁判员的要求，第四官员协助其行使赛前、赛中和赛后的管理职责。他负责协助完成比赛中的替换队员过程。他有权检查替补队员入场前的装备，如发现他们的装备不符合竞赛规则的要求，应告知裁判员。当需要时，负责换球。如果在比赛中需要更换比赛用球，他在裁判员的指示下提供备用球，从而使比赛停顿时间减至最少。他协助裁判员执行竞赛规则控制比赛，不过，裁判员持有对比赛所有相关事实做出判罚的权力。比赛结束后，第四官员应向有关机构提交有关裁判员和助理裁判员视野外的任何不正当行为，或其他事件报告。第四官员必须将所写报告内容通报裁判员和助理裁判员，他有权将技术区域内任何人的不负责任的行为通知裁判员。

四、准确的判罚

（一）准确判罚的概念

准确的判罚是裁判员工作的出发点和落脚点，是公平、公正、严格执法的体现，它表达了裁判员在比赛中倡导什么、制止什么，是引导比赛顺利进行的有利手段。准确的判罚维护了竞赛规则的严肃性和裁判员的权威性。准确的判罚就是赛场的一切事情包括赛场管理均按规则去办，它也是严格执法的核心；而错误的判罚会激怒队员，引起比赛的混乱。

由于裁判员的严格执法，教练员和队员之间都会相互提醒注意动作，无形中裁判员的严格执法给自己创造了好的执法环境，降低了执法难度。

1. 提高判罚的准确性

熟练地掌握竞赛规则，深刻理解竞赛规则。

例如：什么是明显得分机会？如何理解过分的力量和野蛮的方式、危及队员安全、阻挡和冲撞、跳向和屈体绊摔？什么是佯装？观众鸣哨，队员用手将球拿起怎么办？2002年在香港举行的贺岁杯伊朗队与丹麦队的比赛中就出现了这种情况。这些概念和规则条文要非常清楚，当场上出现犯规情况时才知道如何处理。

2. 提高阅读比赛的能力

提高对比赛的预见性，使自己对比赛中可能出现的问题做到心中有数。

（1）了解技战术打法特点。

应了解现代足球运动的技术特点，例如：你只有正确认识合理的抢截球技术，才能区分何为犯规的抢截动作，何为恶意的危及对方安全的抢截动作。

了解现代足球战术打法特点以及参赛球队的打法特点。现代足球进攻以快为主与掌握比赛节奏相结合。

快攻是首选。以简洁的配合、尽量少的传球次数、尽量短的时间打对手措手不及。例如：罗马尼亚、保加利亚、意大利等打防守反击的球队。如果与这样类型特点的球队比赛，就主要盯防进攻组织者和射门队员。犯规容易出现在进攻组织者和防守他的队员之间以及射门队员和防守他的队员之间，这就是矛盾的焦点。

假如没有快攻的机会则掌握比赛节奏，充分利用场地的长度和宽度，利用长、短传结合，左、右结合，边中结合来调动防守队形，从而拉出空当、利用空当。此时就变成了阵地战，进攻层层推进，防守基本上是人盯人防守，此时矛盾焦点散布在场地的广大区域，而不仅仅在个别点上。

防守时，实力较强的球队首先强调的是就地反抢，在哪里丢球就在哪里抢球。再者输球队也是采用全线压上就地反抢，这样裁判员就不能极早地选位，而应留在焦点上。赢球时，一般都采用拖延比赛方式（延缓罚球，佯装受伤等）。

（2）了解犯规的特点。

人和人接触时会发生犯规；人和球接触时会发生手球犯规；队员之间没有身体接触时，多数犯规是用语言谩骂对方或向对方吐唾沫或用物体掷击对方；防守队员失掉了好的防守位置或者防守队员行动比对手慢时容易犯规；防守队员判断失误时容易犯规，如跳起头顶球，落点判断失误，一看球要过头顶了就伸手打球。

（3）了解队员的特点。

有些队员是“工兵型”的，就是依靠拼抢在球队中生存，这样的队员在比赛中犯规的次数就较多。有些队员很狡猾靠投机取巧获利，这样的队员在场上常常采用隐蔽的小动作犯规、佯装犯规，在场上易挑事端。有些队员非常鲁莽，在罚球区内防守时也会采取犯规动作，如在 2003 年全国甲 A 联赛中，有一场比赛是某队守门员在比赛进行到大约第 80 分钟时，被对方队员冲撞，随即倒地，该队中后卫立即跑到该守门员身边并小声告诉他“不要起来”，以此来延误比赛时间。

（4）掌握队员的情绪变化。

例如：兴奋、亢奋、失落、报复等。在国内联赛某场重要比赛中，一队员由于紧张，情绪不稳，从比赛开始不久其防守动作变形，失误较多，比赛上半场时做出较危险的抢截动作，被出示一张黄牌；下半场时又用脚踩对方被红牌直接罚令出场。

3. 良好的心理素质

不管比赛的性质、比赛的难度、所面临的队员，裁判员都应稳健敏捷、自信、果断、富有感染力。裁判员在场上如精神紧张，将使自己变得反应迟缓，视野变窄，甚至做出错误的反应。但良好的心态，不是一朝一夕能形成的。例如：有的在观众的叫骂声中，变得缩手缩脚；有的自信过度和观众对着干。

4. 紧跟比赛，选好角度，体能充沛

距离近，选好角度，看清楚。但不要影响比赛和球的运行，一般在球的左侧后方，将球、人和巡边员置于自己的视野范围之内。长传早选位，短传跟进。只有具备良好的体能，才能适应当今快节奏的足球比赛。

5. 四位一体，团结协作

裁判员未发现的犯规和错误的判罚，应根据两位助理裁判员和第四官员提供的情况及时判罚或改判。

6. 注意场地、器材对裁判员判罚的影响

例如：灯光、场地、草皮情况，光线是否清晰，电子旗问题，等等。

（二）影响裁判员判罚的因素

1. 球队、队员、教练员、观众

绝不能受主客队因素、球队强弱因素的影响，在裁判员眼中只有两队服装颜色的不同；也不能受明星队员、明星教练员、狂热的球迷的影响，在规则面前人人平等。

2. 场上比分、比赛时间

当场上出现比分变化时，裁判员在判罚尺度上也一定要一致，不能出现在判罚尺度上对领先球队严格，对比分落后的球队宽松的情况。有的裁判员在比赛临近结束时出现的球点球犯规没有勇气去判罚，担心此时由于球点球的判罚而改变比赛结果会引起争端。

3. 先前的判罚

不能受先前判罚的影响，而应集中精力在下一个判罚上。例如：裁判员在先前的比赛中出现了错判、漏判，就考虑在接下来的比赛过程中进行补偿，这样做就会变得错上加错。

（三）球点球的判罚

球点球的判罚是影响得失分的判罚。要做出准确的球点球判罚，就要注意以下两点：

1. 技术保证

（1）要能读懂比赛，提高对犯规的预见性，提高识别动作能力。当出现动作时，要迅速准确判断该动作是合理的还是犯规的。

（2）裁判员要迅速地跑到焦点地带，距离近，选好角度，使自己能看得见、看得准，做出令人信服的判罚。

2. 心理保证

当裁判员做出球点球的判罚时，队员常常干扰裁判员，使其处在压力之中，裁判员需要勇气、胆量面对这些压力。

五、裁判团队的赛前准备会

裁判团队的赛前准备会，是 4 人共同担任一场比赛任务时统一思想、统一行动的指南。

分析本场比赛双方球队的技战术特点、队员的特点、球队及队员的心态，在赛前准备会上安排好 4 人在球场上的分工及相互配合工作。

（1）球出界，助理裁判员近端的球出界以助理裁判员为主，助理裁判员旗示要先于裁判员的手势。助理裁判员远端的球出界以裁判员的判断为主。对于在助理裁判员近端的出界球而助理裁判员又无法做出准确判断时，裁判员如看清楚，裁判员应先出手势指示由哪个队掷界外球，裁判员与助理裁判员互相“协助”。

（2）越位的判罚，应以助理裁判员的判罚为主。但裁判员对于助理裁判员错误的越位判罚，应有勇气给予更正。

（3）助理裁判员应对裁判员未发现的而自己又准确观察到的犯规，给予裁判员协助并及时提示。

（4）判断球是否进门是裁判员重要的责任。但在一些情况下，助理裁判员比裁判员处在更有利于观察球是否进门的位置时，应协助裁判员提供球进门的配合信号。

（5）一些发生在敏感区域的犯规（发生在罚球区附近及罚球区内的犯规），裁判员对犯规发生地点的判断不太清楚，而助理裁判员处在能准确观察犯规发生地点时，应根据事先的约定提供信号。

（6）在罚球区附近罚任意球时，助理裁判员应按照裁判员的要求，完成相应的任务。通常的配合是，助理裁判员此时观察越位和球进门情况，裁判员观察队员犯规和控制守方队员距罚球点的距离。

（7）第四官员也应协助裁判员控制比赛。

六、如何控制比赛

控制比赛是指按照比赛规则，运用裁判技巧，引导比赛顺利进行，并合情合理地解决场上和场外出现的一切和比赛有关的问题。控制比赛不是控制比赛胜负、比分。控制比赛是裁判员执法能力和水平的体现。

（一）判罚准确，抓关键球的控制

对队员犯规的判罚（技术处罚）一定要准。裁判员站在球场上就是要依据规则，判罚犯规。许多比赛就是裁判员没有完成好这个任务，失去了队员对他的信任，造成比赛的失控。此外，还应注意判罚的节奏问题，比赛刚开始和比赛气氛紧张时，应谨慎地运用“有利条款”，出现犯规一般就要判罚。

（二）纪律处罚合情合理

在比赛中，若某队队员采用暴力的、危及对方安全的方式抢截球，此时裁判员仅判罚该队员犯规，而不向他出示红牌将其罚令出场外，那么比赛的场面将难以控制。

（三）洞察队员的情绪变化

这样可以做到防微杜渐。队员在球场上发生犯规的原因：

（1）技术失误。

（2）心理、情绪变化造成的犯规。而往往心理、情绪变化造成的犯规容易引发争执。

要善于掌握队员的心理状态。比赛的性质、场上气氛、观众情绪、胜负变化等状况，对队员的心理状态都有着深刻影响。裁判员如能透过现象及时了解队员的心理变化，善于察言观色，及早发现“事故”苗头，采取相应的措施，那么对有效地控制比赛有着重要作用。

（四）对突发事件的处理

例如：场地器材发生损坏；比赛场上的照明设备发生故障；天气条件不适合比赛；观众闯入比赛场地；裁判员遭到攻击；队员之间发生争执、争斗；等等。

这里主要介绍队员之间发生争执、争斗这种突发事件的处理。在足球比赛中的争端往往带有突发性，它的形式是多种多样的，就其起因、性质、影响及后果也不尽相同。因此，裁判员不可能预先制定出一个统一的“模式”去解决场上的各种争端。但是，在比赛场上一旦发生争端，裁判员应及时地予以妥善解决，否则就难以控制比赛的局面，甚至造成不堪设想的严重后果。

（五）四位一体，团结协作

现代足球比赛中仅靠一名裁判员去控制比赛是不可能的。怎样做才能体现出裁判员、助理裁判员、第四官员共同协作控制比赛比仅凭一名裁判员控制比赛好呢?

（1）思想上要加强团队精神和主动配合意识。

（2）赛前准备会要有明确的分工和要求。

裁判员一般都要求助理裁判员对靠近其一侧的犯规及时给予协助。由于裁判员往往不能深入到助理裁判员一侧，队员在该区域做动作时又常侧对或背对着裁判员，因此，队员的犯规容易漏判，这时，助理裁判员如能给予及时的协助，则可以避免漏判。

此外，场上有时也会出现球在前半场发展，后半场却发生双方队员之间的争端。由于裁判员的注意力集中在前半场比赛，往往顾及不到身后的犯规。这时，助理裁判员和第四官员应根据比赛的情况，适时地予以协助，助理裁判员和第四官员的协助可避免裁判员错判、漏判。

要加强助理裁判员和第四官员的密切配合，赛前要认真研究合作内容，尤其是在裁判员背后的“盲区”，一旦发生队员犯规时如何团结协作。

（3）提高应变能力。不见得赛前准备会上都能谈得面面俱到，有时比赛中出现的意外情况，助理裁判员、第四官员应机动灵活地协助裁判员控制比赛。

（六）裁判员要有稳定的心态

裁判员心理上的稳定性对其判罚的准确性有着重要的影响，队员已经学会了对裁判员进行职业性的干扰，这在高级别的比赛中表现得尤为明显。队员干扰裁判员的判罚时，其掌握了一个干扰尺度，让裁判员很难处罚他。

队员会在比赛的全过程中对裁判员进行干扰，这已经是裁判工作的组成部分，这就是裁判工作的环境，它会始终伴随着裁判员，裁判员不能产生焦虑，而应变得更加坚强、更加坚定。当裁判员走向场地的时候，要表现出有信心和能力控制比赛，这样才能够确保赢得球队、队员、观众对他的信任和尊重。

（七）加强对技术区域的管理

场下替补席就座人员的行为同样也影响着裁判员控制比赛，因为他们距离比赛场地最近，且他们的身份（教练员、领队、官员）更容易将他们的情绪传染给场上队员，直接影响着场内比赛的顺利进行，影响着场内队员的情绪。例如：在 2004 年中超的一场比赛中，观众向场内扔矿泉水瓶，某外籍助理裁判员向观众做出下流手势，第四官员在死球时及时向裁判员通报此情况，裁判员将该助理裁判员罚令出场外，排除了一个对场上局势变化会产生影响的不利因素。

（八）做好赛前准备工作

赛前准备要充分，要了解比赛双方的技战术特点、主客观因素（场地、天气等因素）的影响、比赛性质等。

（九）抓关键时机的控制

关键时机是指容易引发争端的时刻，此时裁判员应立刻到达可能引发争端的地点，及时化解矛盾、制止争端。

七、裁判员的跑位

裁判员在比赛执法过程中的基本活动路线采用对角线裁判制。对角线裁判制是指裁判员的基本活动路线从球场的一角到斜线相对的另一角，但这并不是说裁判员的活动路线仅限于这条线上，裁判员应跟随比赛焦点的变化随时调整自己的位置。

对角线裁判制的特点是裁判员和助理裁判员相互之间的位置相对合理、分布均衡，便于相互配合，能够有效地控制球场的各个区域。

当今裁判员的跑动路线在对角线裁判制的基础上又有了较大的发展，采用跟踪式跑法、大 S 形跑法、小 S 形跑法。跟踪式跑法是在高水平裁判员中最常用的跑动方法，裁判员始终跟随着比赛的焦点移动，如影随形。但跟踪式跑法需要良好的体能作为保证，平时要进行艰苦的训练，做好体能储备。

（一）裁判员在跑位时应注意的问题

（1）一般情况下，裁判员应处于球的左侧后方，将比赛的焦点和助理裁判员置于自己的视野范围之内。

（2）紧跟比赛，应距离比赛的焦点近，选好观察角度，看清楚。但不要影响比赛，妨碍队员的跑动或阻挡球的运行。

（3）对于不同战术打法的球队，裁判员应灵活地运用不同的跑动路线。长传早选位，短传跟进。

另外裁判员在采用跑动方式时，还应考虑场地、气候等情况和本人的体力状况。

（二）定位球时裁判员的选位

在罚球区附近攻方罚任意球时，如果裁判员负责观察越位，那么助理裁判员就一定要跑到球门线注意球是否射进门，裁判员与助理裁判员形成一条对角线。

第五章　足球小知识

本章内容

一、足球名词解释　　二、赛场风云人物

足球是一个单项的体育游戏，现代足球发展到今天已经有100多年的历史了，在这100多年中，足球的规则、足球的技战术都发生了很大的变化，但是有很多经典的人物以及事件应该不会被人们所忘记，本章我们列举了一些经典的历史事件和重要的历史人物，帮助大家一起去重温那些重要的时刻。

一、足球名词解释

（一）博斯曼法案

“博斯曼法案”认可有欧洲联盟公民身份的足球运动员，在与俱乐部合同期满之后，有权在不支付任何转会费的情况下到欧盟其他任何国家踢球；有欧洲联盟公民身份的运动员在欧洲联盟任何地方踢球时，有关“外国运动员限制”的规定予以废除。这项法案的出台，使欧盟范围内的球员开始加速流动，有效地保护了球员的切身利益。

（二）青蛙下蛊

1937年，巴西豪门瓦斯科达伽马在主场以12：0血洗了另一支球队Andarai。在这场比赛失利之后，伤心愤怒的Andarai门将Arubinha诅咒瓦斯科达伽马12年之内都别想获得任何锦标——每一年代表着他的一个失球。

这位门将之后又在瓦斯科达伽马的主场圣热拿利奥球场埋下了一只青蛙，这一举动居然产生了神奇的魔力。在之后的10个赛季里，瓦斯科达伽马居然真的一无所获。后来，病急乱投医的瓦斯科达伽马足球俱乐部把整个球场翻了个底朝天，挖出了那只青蛙，希望能够破解这个诅咒。不可思议的是这个举动居然真的奏效了，在接下来的那个赛季里，瓦斯科达伽马就再度获得了国内的冠军。

（三）丹麦童话

丹麦的安徒生童话一直伴着我们长大，而丹麦的足球队相比他们的童话来说是毫不逊色。在1992年的欧洲杯上，丹麦队代替被禁赛的南斯拉夫队参赛。谁也没有想到，这个最后一只参赛队竟一路过关斩将，并在决赛中以2：0击败了世界冠军德国队。“丑小鸭变成了白天鹅”，丹麦足球队的童话之旅无比绚丽。

（四）伊斯坦布尔之夜

2005年欧洲冠军联赛决赛（2005 UEFA Champions League Final）是2005年5月25日在土耳其伊斯坦布尔举行的足球赛事，此项赛事为欧洲球会间最高荣誉。本届决赛由意大利球会AC米兰对英格兰球会利物浦，被誉为史上最精彩的欧冠决赛之一。利物浦于上半场以 0∶3 的大比分落后，但下半场在 6 分钟内追平比分成 3∶3，令比赛进入加时赛，在加时赛中仍未分出胜负，最终需以互射十二码以分出胜负。利物浦于互射十二码终以 3∶2 胜出，利物浦成为第五十届欧洲冠军联赛的冠军。

（五）伯尔尼奇迹

1954 年，当匈牙利队在决赛碰到之前被打得落花流水的德国队时，在瑞士伯尔尼进行的决赛刚开场仅 8 分钟，匈牙利队便以 2∶0 遥遥领先德国队。但此后的进程却发生了天翻地覆的变化，德国队连扳两球并在第 84 分钟时绝杀对手，令全世界震惊。本场比赛堪称世界杯历史上史诗般大逆转，这是匈牙利队自 1950 年以来输掉的第一场比赛，它对德国队在一片废墟上重建家园起了不可估量的精神支撑作用。

（六）"黑色三分钟"

在 1989 年第十四届世界杯足球赛亚洲区预选赛上，中国男子足球队冲击 1990 年意大利世界杯，却非常不幸地两次遭遇"黑色三分钟"。10 月 17 日，中国队迎战阿联酋队，在 1∶0 领先的情况下，中国队主教练员高丰文在终场前 5 分钟换上董礼强，刚上场之后兴奋的董礼强连续两次带球失误，均被对手断下，在三分钟之内由对手连入两球。

（七）梅西走廊

梅西走廊是指足球场上的右路位置，梅西出道时是一名右边锋，关于他很多超级漂亮的进球都沿于此区域的高速盘带内切后打出的逆天弧线球，在对阵巴西的友谊赛上的经典长途奔袭左脚弧线破门，是梅西在其专属走廊完成的一记世界波。

（八）残疾射手

海克托 - 卡斯特罗（Hector Castro）是一个只有一条手臂的球员，但在 1930 年的世界杯上，这名独臂怪杰却在决赛中破门，为乌拉圭队赢得了世界杯冠军，这段传奇般的经历直到今天仍为人们所称道……卡斯特罗在少年时因为车祸失去了右臂，然而他并没有因此自暴自弃，反而通过自身的努力入选了乌拉圭国家队。1930 年第一届世界杯，在乌拉圭队的首场比赛中，卡斯特罗攻入制胜一球，从而帮助球队以 1∶0 击败秘鲁队。在随后的比赛中，卡斯特罗被主教练员雪藏，直到最后与阿根廷队的决赛时他才被派遣出场，结果卡斯特罗在下半场踢入最后一球，在乌拉圭队反败为胜的过程中起到了关键作用。

（九）获得诺贝尔奖的足球运动员

尼尔斯·玻尔绝对称得上是"导师"级人物。1922 年，尼尔斯·玻尔因对原子结构模型的研究而获得了诺贝尔物理学奖，他在物理学界是 20 世纪少见的几位大师级人物之一。

当然，尼尔斯·玻尔还有一个角色，那就是丹麦劲旅 AB 队的主力门将。

足球界一直盛传尼尔斯·玻尔曾入选丹麦国家队。不过经深入调查发现，玻尔虽然是当时丹麦 AB 队的主力，却从没有入选过丹麦国家队。据丹麦 AB 队史料记载，在一场 AB 队与德国特维达队的比赛中，德国队员外围远射，尼尔斯·玻尔却在门柱旁边思考一道数学难题。这么容易分心的门将，自然无法入选丹麦国家队。

同时拥有博士学位的职业球员还有巴西球星苏格拉底·布拉济莱罗·奥利维拉和瑞典球星亨里克·拉尔森。

（十）巴蒂 goal

这是属于阿根廷前锋“战神”巴蒂的成名绝技，美妙进球分两种：一种是世界波，另一种就是巴蒂 goal。巴蒂射出的球如同炮弹一样，不讲道理，霸气无边，直飞网窝，其震撼力和观赏性都异常强烈。

（十一）勺子点球

现在大家看到的很多“勺子点球”其实源于一个人，他就是捷克斯洛伐克名将帕年卡。在 1976 年欧洲杯决赛上，帕年卡在球点球大战中首次使出这样的球点球技巧，不追求角度但隐蔽性极强，轻轻将球搓进网窝，这对于球员的技术和心理来说都是极具考验的。托蒂则经常使用这种罚球点球的方式。

（十二）“上帝之手”

1986 年 6 月 22 日，在墨西哥世界杯 1/4 决赛阿根廷队对阵英格兰队的比赛上，马拉多纳用手把球攻入了英格兰队的球门，并且裁判员判决进球有效，这就是著名的“上帝之手”事件。后来把在足球比赛中用手将球打进球门，并且被误判有效的情况称为“上帝之手”。

（十三）乌龙球

“乌龙球”又名“杀人球”，最早源于英语的“OWN GOAL”一词，意为“自进本方球门的球”，后来香港球迷根据这个单词的发音，将其称为乌龙球。“自摆乌龙”是乌龙球的成语说法，它源于广东的一个民间传说：久旱之时，人们祈求青龙降下甘露，以滋润万物，谁知，青龙未至，乌龙现身，反而给人们带来了灾难。“自摆乌龙”引用到足球赛场上，指本方球员误打误撞，将球弄入自家大门，不仅不得分，反而失分，这与民间传说的主旨十分吻合。

（十四）金球制

金球制（Golden Goal），足球术语，一般用于淘汰赛中，如果两支球队在 90 分钟的比赛时间内打平，那么加时赛中的金球将决定哪一支球队最终赢得比赛。金球这一称呼最早出现在 1992 年 4 月 16 日的英国伦敦《泰晤士报》上。具体来说，如果两只球队在正常 90 分钟的比赛时间内打平，将需要进行上下半场各 15 分钟的加时赛。如果一支球队在加时赛中率先进球，那么比赛就立即结束，该球队获得胜利，这一进球就称为金球，类似橄榄球或冰球比赛中的突然死亡法。

（十五）银球制

由欧洲足球协会在 2002 年引入，于 2003 年 2 月开始实施。其中以 2004 年举行的欧洲足球锦标赛最受注目，后来在 2004 年 2 月被 FIFA 废除。银球制规则与金球制规则同样并非强制性规则，比赛组织者可以选择在加时赛中是采用金球还是银球。银球制即以加时赛上下半场各 15 分钟为界，如一方在加时赛上半场攻入一球，不能立即取得胜利，而必须等到加时赛上半场结束，如果对方没有扳平比分，才算是赢得比赛。而如果对方在加时赛上半场结束前扳平了比分，则双方还要继续进行加时赛下半场的比赛。

（十六）冷门

足球冷门的意思是足球的弱队战胜了看似不能战胜的强队的比赛。

冷门是相对于热门来说的，冷门就是不受关注，爆冷门就是有出人意料的结果。这个词最早出现在赌场中，当时人们押筹码会选择最有潜力的，这样，形成很多人去押热门；而相对应的无人问津的不被看好的就是冷门；如果冷门最终得到了胜利，那就是爆冷门。比如，巴西足球队打中国足球队，中国队胜肯定是冷门，但是如果真的胜了巴西队，那就是爆冷门。同样的意思，如果足球的弱队或者不被看好的球队赢了比赛就是足球冷门。

（十七）篱笆战术

具体是指在自己半场内的一些危险区域（通常指距球门 40 米以内）内，由于本方队员的失误导致对方获得定位球机会，当对方罚任意球时，几个防守队员并肩站立筑成“人篱笆”（即人墙），帮助守门员封住对方直接射门的部分角度。

（十八）清道夫

清道夫（sweeper）是足球运动中后卫的一种，早期的清道夫指的是门将与后防线之间的一名拖后中卫，负责化解已经穿透后防线的进攻，也可以理解为“不承担盯人防守任务的球员”，在德语中译为“ausputzer ”；在匈牙利语中译为“söprögető”。到了 20 世纪六七十年代，传统的防守型清道夫逐渐演变成了参与进攻的角色，因其在场上的活动范围较大，承担着球队攻防的枢纽，因此，被称之为“自由人”（意大利语：Libero）。

（十九）帽子戏法

帽子戏法指在足球比赛中，一名队员 3 次将球踢进对方球门，但不包括在决定比赛胜负的球点球大战中的进球，起源于童话《爱丽丝漫游奇境记》。另外，帽子戏法的应用范围不只局限于体育领域，人们还用它形容连续 3 次的成功。

帽子戏法最早出现在 1858 年。当年，板球手斯蒂芬森连续 3 次击中门柱得分而被奖励一顶帽子，是第一个获此奖励的板球手。帽子戏法作为一个专用名词出现在印刷品中是在 1878 年。后来，帽子戏法被广泛应用于体育比赛中。

（二十）德比战

德比是体育术语，在欧洲多指足球队之间的比赛，而在亚洲和北美洲则也可以指篮球队、橄榄球队、冰球队和棒球队等集体项目的比赛。

根据不同的情况，德比的定义和使用范围也不同。第一种定义指的是两支位于同一地区的球队之间进行的对抗。第二种定义指的是两支实力和历史荣誉差不多的球队之间进行的对抗。第三种定义指的是一个国家里最强的两支球队之间进行的对抗，即国家德比。第四种定义指的是两支球队因为某些历史或其他因素而产生了恩怨之后进行的拉锯战式对抗。

（二十一）副班长

正班长就是联赛第一，副班长就是联赛倒数第一。在军队中，班长通常站在队列排头的位置，而副班长则站在队列的最后。所以用正副班长来借指联赛排名的“两个第一”。

（二十二）希尔斯堡惨案

1989 年 4 月 15 日，在英国谢菲尔德市希尔斯堡体育场举行的利物浦队对阵诺丁汉森林队的足总杯半决赛中，由于球场结构问题和组织秩序混乱，在比赛开始后尚有 5 000 名利物浦球迷未能入场，警官开启了大门却没有给予必要的引导，致使 5 000 人涌向同一看台，拥挤造成了严重的踩踏伤亡，其中 96 人丧生，200 多人受伤。因在场警官的谎言、媒体的恶意报道与政府的失公处理，迄今还没有人为希尔斯堡惨案负起应有的责任。2011 年 10 月 17 日，英国政府表示公开此事的全部绝密文件，并继续调查。北京时间 2012 年 9 月 12 日，调查结果正式出炉，希尔斯堡惨案真相大白，球迷沉冤昭雪。2016 年 4 月 26 日，英国高等法院陪审团裁定，踩踏事故发生的原因是南约克郡警官玩忽职守，现场的组织、管理和控制不力，最终导致人群失控，相互踩踏酿成惨剧，当年遇难的 96 名球迷是被“非法致死”。

（二十三）海瑟尔惨案

1985 年 5 月 29 日，利物浦队与尤文图斯队在布鲁塞尔海瑟尔体育场的欧洲冠军杯决赛中相遇，这是一个长年失修的中立赛场。利物浦队和尤文图斯队都强烈要求欧足联更改比赛地点，比如改至伯纳乌等地，却没有被欧足联采纳。海瑟尔地区是意大利人的聚集地，欧足联把门票分成 3 份，一份给利物浦，一份给尤文图斯，一份留给中立球迷。但是中立球票大多被海瑟尔地区的意大利人买走了，利物浦球迷入场时，发现尤文球迷比他们多一倍。尤文球迷开始向利物浦球迷挑衅。在比赛中，不断有双方球迷的辱骂和投掷行为，双方球迷大打出手导致看台倒塌。当场压死了 39 名尤文图斯球迷，并有 300 多人受伤，这就是著名的“海瑟尔惨案”。而利物浦因为一粒争议的球点球也输掉了欧洲冠军杯，此次赛后所有的英国球队被禁止参加欧洲的足球赛事长达 5 年之久，利物浦则达 7 年。

（二十四）越位回接

所谓的“越位回接”，顾名思义是指 A 球员在 B 球员传球的一瞬间处于越位位置后，又回到非越位的位置去接球。

二、赛场风云人物

（一）世界杯金球奖简介

世界杯金球奖（Adidas Golden Ball）是颁发给历届世界杯决赛阶段表现最优秀的球员的奖项。国际足联首先公布一个 10 人候选名单，然后由媒体代表投票选出前 3 名。分别授予金球、银球和铜球奖。由于该奖项是由 Adidas 公司出资赞助，因此，冠以 Adidas 的名称。

这个奖项通常被认为是各国权衡外交的产物，几乎每届金球奖的前 3 名得主都来自不同的 3 个国家。例如，2002 年世界杯，奥利弗·卡恩战胜罗纳尔多夺得最佳球员称号，就引起了很多争议。而第 3 名是首位入选的亚洲人，东道主的球员洪明甫，其同样充满争议性。而 2006 年世界杯表现优秀但决赛被红牌罚下的法国球星齐内丁·齐达内压倒世界冠军意大利籍后卫法比奥·卡纳瓦罗赢得金球奖，也一度引起争议。

另外，这个奖项在 1998 年以前一直是决赛前就选出，但当时世界杯决赛表现出色的齐达内就没能入选，为了避免这种情形的出现，从 2002 年开始，这个奖项在决赛完之后再选出。

（二）历届世界杯金球奖得主

保罗·罗西（Paolo Rossi）

第十二届世界杯金球奖得主，1956 年 9 月 23 日出生于意大利，有“金童子”之称，是意大利足球史上最优秀的中锋之一。1956 年 9 月 23 日，保罗·罗西出生在佛罗伦萨附近的普拉托镇。10 岁那年，父亲把他送进“普拉特塞”足球俱乐部。4 年后，他成了当地最优秀的足球运动员，名声远播。尤文图斯俱乐部专门派人来面试，带走了这位天才少年。1981 年罗西和几名队友被认定犯有“操作”比赛的行为，被足协禁赛 2 年。1982 年世界杯意大利队在决赛中出战西德队，并夺得冠军。罗西当选为第十二届世界杯赛的最佳射手和最佳球员，包揽金球奖和金靴奖。

迭戈·阿曼多·马拉多纳（Diego Armando Maradona）

第十三届世界杯金球奖得主，1960 年 10 月 30 日出生于阿根廷布宜诺斯艾利斯，阿根廷著名足球运动员，世界五大球王之一。

1975 年 10 月，马拉多纳完成了在阿根廷甲级联赛的处子秀。1977 年 9 月，马拉多纳率领阿根廷队获得世界青年足球锦标赛冠军。1978 年，马拉多纳成为阿根廷甲级联赛历史上最年轻的最佳射手。1982 年 7 月，马拉多纳转会至西甲球队巴塞罗那队。1984 年 7 月，马拉多纳以创纪录的 750 万美元转会费加盟意大利那不勒斯队。1986 年 6 月，马拉多纳率领阿根廷队获得世界杯冠军，并获得金球奖。1990 年 7 月，马拉多纳率领的阿根廷队在世界杯决赛中不敌德国队，获得亚军。

萨尔瓦托雷·斯基拉奇（Salvatore Schillaci）

第十四届世界杯金球奖得主，1964 年 12 月 1 日出生于意大利帕勒莫，绰号“托托”（Totò），意大利足球运动员，司职前锋，1990 年世界杯东道主意大利队打入四强的功臣。他一人包揽了 1990 年世界杯的金靴奖和金球奖。

他曾效力于意大利梅西纳、尤文图斯、国际米兰和日本盘田喜悦，在效力于尤文图斯的 3 个赛季里参赛 132 场，进球 36 个。职业生涯获得 1 次意大利世界杯冠军（1990 年；尤文图斯）、1 次欧洲联盟杯冠军（1990 年；尤文图斯）；1990 年获得世界杯最佳球员、最佳射手（6 球）的荣誉。

1999 年，萨尔瓦托雷·斯基拉奇宣布退役。

罗马里奥·迪·苏沙·法利亚（Romário de Souza Faria）

第十五届世界杯金球奖得主，1966 年 1 月 29 日出生于巴西里约热内卢，巴西前足球运动员，司职前锋。

1985 年，罗马里奥出道于巴西的瓦斯科达伽马足球俱乐部，之后效力于埃因霍温、巴塞罗那、弗拉门戈、瓦伦西亚、弗鲁米嫩塞等多家足球俱乐部。1994 年，罗马里奥当选为“世界足球先生”。2007 年 5 月，罗马里奥成为国际足联官方唯一认可的千球纪录保持者。

2009 年，罗马里奥正式宣布退役。

罗纳尔多·路易斯·纳扎里奥·达·利马（Ronaldo Luiz Nazario De Lima）

第十六届世界杯金球奖得主，1976 年 9 月 18 日出生于巴西里约热内卢，巴西足球运动员，司职前锋。

罗纳尔多青少年时期成名于克鲁塞罗，1996、1997、2002 年三度当选为“世界足球先生”，1998 年当选世界杯最佳球员，2002 年获得世界杯金靴奖，2010 年获得巴西传奇巨星奖。

罗纳尔多的欧洲足球生涯始于埃因霍温，此后，先后效力过巴塞罗那、国际米兰、皇家马德里、AC 米兰四支豪门球队，共拿到 1 次西甲冠军奖杯、1 次欧洲联盟杯、1 次欧洲优胜者杯、1 次西班牙国王杯以及 2 次西班牙超级杯冠军奖杯。

2011 年 2 月 14 日，饱受伤病折磨的罗纳尔多宣布退役，终结了 18 年的职业生涯。

奥利弗·罗尔夫·卡恩（Oliver Rolf Kahn）

第十七届世界杯金球奖得主，1969 年 6 月 15 日出生于德国巴登 - 符腾堡州卡尔斯鲁厄，德国足球运动员，司职门将。

卡恩出道于德甲卡尔斯鲁厄足球俱乐部青训营。1987 年，卡恩升入卡尔斯鲁厄一线队开始职业生涯。1994 年，卡恩转会至拜仁慕尼黑足球俱乐部，之后帮助拜仁慕尼黑获得 8 次德甲联赛冠军、6 次德国杯冠军、1 次欧洲冠军联赛冠军等多项荣誉，个人 3 次当选 IFFHS 世界最佳门将、4 次当选欧洲最佳门将等。

1994 年，卡恩开始为德国国家队效力。1996 年，卡恩跟随德国国家队夺得欧洲杯冠军。1998 年，卡恩在世界杯后成为德国国家队主力门将，之后成为德国国家队队长，并参加了两届世界杯和两届欧洲杯，帮助德国国家队夺得 2002 年韩日世界杯亚军，个人荣膺世界杯金球奖和世界杯金手套奖。

2008 年 9 月，卡恩正式宣布退役。

齐内丁·亚兹德·齐达内（Zinedine Yazid Zidane）

第十八届世界杯金球奖得主，1972 年 6 月 23 日出生于法国马赛，法国前职业足球运动员，司职前腰，绰号“齐祖”（Zizou），现任西甲皇家马德里足球俱乐部主教练员。

1989 年，齐达内在戛纳足球俱乐部开始职业生涯，之后效力于波尔多足球俱乐部、尤文图斯足球俱乐部、皇家马德里足球俱乐部。齐达内的职业生涯夺得过欧洲冠军联赛冠军、西甲联赛冠军、意甲联赛冠军等 11 座冠军奖杯，个人囊括了 3 次国际足联“世界足球先生”和 1 次欧洲金球奖，是足坛大满贯球员。

1994 年至 2006 年，齐达内代表法国国家队参加了三届世界杯和三届欧洲杯，帮助法国国家队夺得了 1998 年世界杯冠军和 2000 年欧洲杯冠军。

2006 年，齐达内正式宣布退役。

迭戈·马丁·弗兰·科拉佐（Diego Martin Forlán Corazo）

第十九届世界杯金球奖得主，1979 年 5 月 19 日出生于蒙得维的亚，乌拉圭职业足球运动员，司职前锋，现效力于佩纳罗尔足球俱乐部。

迭戈职业生涯开始于阿根廷独立足球俱乐部，于 1998 年加入。2002 年 1 月，转会至英超曼彻斯特联足球俱乐部，同年进入乌拉圭国家足球队。2004 年，转会至西甲比利亚雷亚尔足球俱乐部，并在 2005 年获得西甲金靴奖、欧洲金靴奖等荣誉。2007 年，加盟另一支西甲球队马德里竞技足球俱乐部，并在 2009 年再次荣获西甲金靴奖以及欧洲金靴奖。2010 年南非世界杯，带领球队获得世界杯殿军，个人荣获世界杯金球奖。2011 年，帮助球队获得第 43 届美洲杯冠军。同年 9 月，加盟意甲国际米兰足球俱乐部。2012 年 7 月，加盟巴西国际足球俱乐部。2014 年 1 月，加盟 J 联赛大阪樱花足球俱乐部。2015 年 3 月，宣布退出乌拉圭国家足球队。同年 6 月，回国加盟乌拉甲佩纳罗尔足球俱乐部。

里奥·梅西（Lionel Messi）

第二十届世界杯金球奖得主，1987 年 6 月 24 日出生于阿根廷圣菲省罗萨里奥市，阿根廷足球运动员，司职前锋，现效力于巴塞罗那足球俱乐部。

2000 年，梅西加入巴塞罗那足球俱乐部。2005 年，阿根廷青年队夺取世青赛冠军，梅西赢得了金球奖和金靴奖双项大奖。2007 年 4 月 18 日，梅西在国王杯半决赛对战赫塔菲时复制了马拉多纳在世界杯上的连过五人进球。2008 年北京奥运会上，梅西随阿根廷国奥队夺取了金牌。2009 年年底，他当选了欧洲足球先生和“世界足球先生”。梅西 2008—2009 赛季率领球队连夺西甲、国王杯和欧冠 3 个冠军。2011 年，梅西获得首届国际足联金球奖，还获得了欧足联欧洲最佳球员。2013 年，他以 46 粒联赛进球的成绩第三次获得欧洲金靴奖。2014 年，梅西随阿根廷队参加 2014 年巴西世界杯，并获得世界杯亚军。

2014 年 12 月 20 日，梅西被 IFFHS 评为 2013 年世界职业联赛的最佳射手。

2015 年 8 月，当选欧洲超级杯最佳球员。

2015 年 8 月 27 日，欧洲冠军联赛小组赛抽签暨欧洲最佳球员颁奖典礼在蒙特卡洛的格里马尔迪会议中心举行，梅西获得欧洲最佳球员。

2016 年 1 月 12 日，梅西荣膺 2015 年度 FIFA 金球奖，并以五度得奖创纪录。

（三）著名教练员介绍

现代足球比赛越来越商业化，取得一场比赛的胜利，离不开教练员正确的引导和指挥。那么教练员在足球场上的一举一动都体现着他的品格和指挥水平，他们推动了足球技战术的发展。下文对世界顶级足球教练员做简单介绍。

赫伯特·查普曼（Herbert Chapman）

赫伯特·查普曼，男，出生于1878年1月19日，是一名足球运动员。

足坛的早期革命者，现代足球运动的先驱。兵工厂阿森纳20世纪30年代称霸时期的主帅。他创造了风靡20余载的“WM”式阵型，被后人称为“现代足球后卫之父”。

里努斯·米歇尔斯（Marinus Jacobus Hendricus “Rinus” Michels）

里努斯·米歇尔斯（1928年2月9日—2005年3月3日）是著名的荷兰足球教练员，也是20世纪70年代著名的足球运动员，是全攻全守阵型（Total Football）的创造者。

在1971年，米歇尔斯作为教练员带领阿贾克斯足球俱乐部获得了欧洲联赛冠军杯冠军。在1974年，他带领荷兰队闯入世界杯决赛。在1988年，他更带领荷兰队获得了欧洲足球锦标赛冠军（其后宣布离职）。在西班牙，他带领巴塞罗那队获得了1973—1974赛季的冠军。在1992年欧洲足球锦标赛后正式退休。

古斯兹塔夫·西贝斯（Gusztav Sebes）

古斯兹塔夫·西贝斯出生于1906年，早年踢过球，第二次世界大战后执教匈牙利队，创造了流行足坛20年的“四前锋制”，结束了英国人统治足坛20年的3-2-2-3阵型，创造了匈牙利队20世纪70年代“无冕之王”的辉煌。

第二次世界大战之后，匈牙利足协请西贝斯出山执掌匈牙利国家队帅印。他上台伊始即对“WM”式阵型做了认真分析和研究，认为这种打法过于保守，很容易被“MW”式阵型看死，比赛极为沉闷乏味。他结合匈牙利队队员的技术和体能特点大胆提出了“四前锋制”。所谓“四前锋制”就是两内锋突前，在禁区附近交叉换位，进行二过一的传切配合；中锋拖后，在中前场大范围地游动，忽而拉开对方中央防守空当，忽而反切插入禁区，捕捉战机。这样频繁穿插换位使“WM”式阵型中的一个中卫疲于奔命，很容易露出空当，为前插队员破门得分创造机会。

维森特·费奥拉（Vicente Feola）

维森特·费奥拉是巴西足球的一代宗师，他是巴西足球在国际足坛不朽形象的缔造者。

1958年世界杯，他率领巴西队夺得了冠军，为巴西足球历经磨难之后找到了通向辉煌的道路。同时，他还发掘、造就了世界足坛的两颗巨星——贝利和加林查。更重要的是，他是4-2-4阵型的创始人，是世界足球史上第二次革命的缔造者。他开创的4-2-4阵型改变了匈牙利3-3-4阵型的头重脚轻、重攻轻守的缺点，同时又比“WM”式阵型更强调进攻。虽然随着足球运动的发展，在日益强调攻守平衡和中场控制的过程中，4-2-4阵型现在已基本被淘汰。但是，现代足球强调分工、战术纪律、整体攻防的特点在这一阵型上已初步得到了体现。

阿里戈·萨基 (Arrigo Sacchi)

阿里戈·萨基，1946 年 4 月 1 日出生于富西尼亚诺，是一名意大利足球教练员，曾在 1991—1996 年带领意大利国家足球队。

在俱乐部方面，萨基曾两次带领 AC 米兰，分别为 1987—1991 年和 1996—1997 年，并且两次夺得欧洲冠军杯。任教练员之前，萨基曾当鞋店的推销员。著名专业足球媒体《法国足球》杂志日前将其排名为世界百大足球教练员第一名。

马尔切洛·里皮（Marcello Lippi）

马尔切洛·里皮，1948 年 4 月 12 日出生于意大利的维亚雷焦，世界著名足球教练员，现担任中国国家男子足球队主教练员。

里皮因一头特色银发而被称为“银狐”。其球员生涯平淡无奇，但从 1982 年执教桑普多利亚青年队后，便开启了传奇的执教生涯，里皮在尤文图斯执教的 8 年中，率队夺得 5 个意甲联赛冠军、3 个杯赛冠军、4 个意大利超级杯冠军、1 个欧冠冠军。2006 年，“银狐”又率意大利国家队夺得世界杯冠军。

2012 年 5 月，广州恒大足球俱乐部聘请里皮为主教练员。2013 年 11 月 9 日，里皮率领恒大获得亚冠联赛冠军。11 月 24 日，里皮荣膺 2013 赛季中超联赛最佳教练员。

亚历克斯·弗格森（Sir Alex Ferguson）

亚历克斯·弗格森，1941 年 12 月 31 日出生于苏格兰格拉斯哥，世界上最著名和成功的足球教练员之一，曾执教曼彻斯特联队，现已退休。

在球员时代，场上司职前锋，效力过邓弗姆林、流浪者等队。教练员生涯开始于 1974 年 6 月，先后执教过东斯特林郡、阿伯丁等队，并率领阿伯丁队获得过欧洲优胜者杯冠军。1986 年 11 月 6 日，弗格森接替阿特金森开始执教曼联队。在执教曼联队的近 27 年间率队获得过大大小小 38 个冠军，包括 13 个英超联赛冠军和 2 个欧洲冠军联赛冠军，执教场次达 1 500 场，在 1999 年率队获得史无前例的三冠王。因其对英国足球的巨大贡献，1999 年在白金汉宫被英国王室授予爵士爵位。2013 年 5 月 8 日，曼联俱乐部官方宣布，主教练员弗格森于 2012—2013 赛季结束后退休。2013 年 5 月 19 日，弗格森在完成曼联的第 1 500 场比赛后，长达 27 年的弗格森时代落幕。

何塞·穆里尼奥（José Mourinho）

何塞·穆里尼奥，于 1963 年 1 月 26 日出生，葡萄牙职业足球教练员，现任英格兰足球超级联赛曼彻斯特联队主教练员。

穆里尼奥于 1990 年开始在葡萄牙阿马多拉以及塞图巴尔俱乐部担任助理教练员，精通八国语言，1992 年起担任名帅博比·罗布森的翻译，2000 年正式成为主教练员短暂执教本菲卡队，此后，穆里尼奥作为教练员带领4支不同国家俱乐部球队（波尔图、切尔西、国际米兰、皇家马德里）夺得8次顶级联赛冠军、11次国内杯赛冠军、2次欧洲冠军联赛冠军和1次欧洲联盟杯冠军，其中包括2009—2010赛季带领国际米兰夺得三冠王伟业，穆里尼奥曾创造9年150场联赛主场不败纪录。穆里尼奥先后获得葡超、英超、意甲、西甲四国联赛最佳教练员，并4次当选欧洲足球协会联盟年度最佳教练员，4次当选国际足球历史和统计联合会（IFFHS）世界最佳教练员，荣膺2010年度首届国际足联金球奖世界最佳教练员，共9次成为《法国足球》年度世界足坛教练员福布斯收入第1名。

穆里尼奥个性鲜明，有“狂人”之称，擅长防守反击战术，被认为是当今世界足坛最具争议和最成功的教练员之一。

尤阿希姆·勒夫（Joachim Loew）

尤阿希姆·勒夫，1960年2月3日出生于德国巴登－符腾堡州勒拉赫县舍恩瑙镇。德国前足球运动员，司职中场，德国国家足球队主教练员。

勒夫是德国足球改革派，以攻势足球风格技战术打法著称。1995年，勒夫开始了执教生涯。2010年，勒夫当选法国《队报》世界体坛最佳教练员。2013年10月18日晚，勒夫同德国足协续约至2016年欧洲杯结束。2014年，勒夫作为教练员率领德国队赢得巴西队，获世界杯冠军，并正式当选为本年度的“足球最佳主帅”。

法比奥·卡佩罗（Fabio Capello）

法比奥·卡佩罗，意大利人，世界上最知名的足球教练员之一，曾执教过多家顶级球会。球员时代的卡佩罗是一名相当成功的中场球员，曾效力于罗马、尤文图斯和AC米兰。

2012年7月26日，俄罗斯足协官方宣布，卡佩罗正式成为俄罗斯国家队主教练员，双方签订了一份为期两年的合同，合约期至2014年巴西世界杯结束。2014年1月，俄罗斯足协与卡佩罗续约4年，新合同于2018年到期。2015年7月14日，因球队战绩不佳，俄罗斯足协通过官网宣布与主帅卡佩罗达成协议，双方终止合同。2017年6月11日，江苏苏宁俱乐部官微正式宣布，卡佩罗正式签约入主担任球队主教练员，执教中超。

何塞普·瓜迪奥拉（Josep Guardiola i Sala）

何塞普·瓜迪奥拉，1971年1月18日出生于西班牙加泰罗尼亚大区桑特佩多，西班牙前职业足球运动员，曾担任西甲巴塞罗那队，拜仁慕尼黑足球俱乐部的主教练员。现任曼彻斯特城足球俱乐部主教练员。

瓜迪奥拉的球员生涯大部分在巴塞罗那队度过，在克鲁伊夫的“梦之队”时代，他助球队夺得该球队历史上首个欧洲冠军联赛冠军，在该球队的最后4年他一直担任队长。离开巴塞罗那队之后，他分别加盟布雷西亚、罗马、阿赫里（Al-Ahli）、迪圣拉诺亚